Das [illegible]

oder

Es ist alles nur eine Phase

Maxim…
Buddenbohm

Das Rosinenbrötchen

oder

Es ist alles nur eine Phase

SUV

Bibliographische Information der Deutschen Bibliothek

Die Deutsche Bibliothek verzeichnet diese Publikation in der Deutschen Nationalbibliographie; detaillierte bibliographische Daten sind im Internet über http://dnb.ddb.de abrufbar.

Titelbild: Fotolia und istockphoto.com
Umschlaggestaltung: uv media werbeagentur
Mediengruppe Sankt Ulrich Verlag, Augsburg
Druck und Bindung: Bercker Graphischer Betrieb GmbH & Co. KG, Kevelaer
Printed in Germany
ISBN 978-3-86744-197-1
www.sankt-ulrich-verlag.de

Für Julia & Tobias

Mit Dank an die Herzdame,
die unglaubliche Opfer gebracht hat,
damit ich genug Zeit zum Schreiben hatte.
(Man macht sich keinen Begriff, was passiert
wäre, wenn ich das nicht genau so da
hingeschrieben hätte)

Es ist immer interessant, was Kinder tun, wenn sie sich unbeobachtet fühlen. Man wirft einen Blick auf das echte Wesen des Kindes, das sich gerade nicht irgendeiner erzieherischen Anforderung beugen muss oder jemandem gefallen will, das seine Handlungen nicht auf Aufmerksamkeit ausrichtet und nicht aus Trotz agiert. Es ist einfach so, wie es ist. Pur und ohne jeden Anpassungsdruck.

Es war noch sehr früh am Morgen, Sohn I vermutete mich gerade im Badezimmer. Er stromerte durch die Wohnung und betrat schließlich die Küche. Er ahnte nicht, dass ich zufällig gerade im dunklen Flur stand, von wo aus ich ihn gut sehen konnte. Der Sohn ging zum Kühlschrank, öffnete lässig die Kindersicherung und machte die Tür auf. Er nahm eine Packung Jagdwurst und riss sie mit den Zähnen auf, zerrte drei Scheiben Wurst aus der Packung und warf sie auf den Küchentisch. Dann trat er die Kühlschranktür schwungvoll zu und schloss sorgsam die Kindersicherung. Er schob sich einen Stuhl an die Arbeitsplatte, kletterte hinauf und angelte mit langem Arm nach dem Brotkasten. Er nahm das Toastbrot heraus und steckte eine Scheibe in den Toaster.

Guck an, dachte ich erfreut, ist die tausendfach gepredigte Botschaft „keine Wurst ohne Brot“ doch tatsächlich bei ihm angekommen, wer hätte das gedacht. Hat es am Ende doch seinen Sinn, wenn man elterliche Botschaften jeden Morgen in Endlosschleife wiederholt. So etwas freut einen als Vater ungemein, wenn die pädagogischen Bemühungen so offensichtlich Früchte tragen. Der Sohn kletterte wieder von der Arbeitsplatte runter, ging zum Küchentisch und stopfte sich die drei Scheiben Wurst auf einmal in den Mund. Dann kletterte er schnell noch einmal zum Toaster, der gerade das Brot ausspuckte. Er nahm die geröstete Scheibe, stieg ab, ging zum Müll und warf sie weg. Er fegte mit dem Zeigefinger sorgfältig zwei Krümel vom Mülleimerrand und blieb einen Augenblick stehen, denn das Kauen der Wurstmenge erforderte seine ganze Konzentration. Seine vollgestopften Backen hatten etwas Hamsterhaftes. Er schluckte angestrengt.

Dann ging er aus der Küche, um nachzusehen, was der Rest der Familie so trieb. Er sah mich im Flur, schluckte schnell und würgend den allerletzten Wurstrest und sagte dann freudestrahlend: „Hab ich gefrühstückt. Mit Brot!“

Der böse Blick

Nachdem mein erstes Buch erschienen war, wollte der Norddeutsche Rundfunk ein kurzes oder, besser gesagt, ein winziges Porträt über mich drehen. Ein paar heitere Einstellungen, auf denen man diesen Spielplatz sehen sollte, der in meinen Texten so oft vorkam. Ein Kameraschwenk auf die Herzdame, einen auf die Söhne und dann vielleicht noch ein, zwei Szenen aus meinen Geschichten, zum Beispiel Sohn II vor der Winkekatze [siehe den Text „Sohn II übernimmt“ weiter hinten in diesem Buch]. Das klang soweit recht einfach und machbar. Ich habe sofort zugesagt.

Das Fernsehteam vom NDR war dann überraschenderweise immerhin vier Mann stark. Ein Redakteur, der tatsächlich mit einem klischeehaften Klemmbrett unter dem Arm herumlief, eine Frau mit großer Kamera, ein

den Fall da war,
Technikerin trug einen Werkzeuggürtel mit einer McGyver-haften Ausrüstung und stand etwas verloren auf dem Spielplatz neben der Sandkiste, an der es beim besten Willen für sie nichts herumzuschrauben gab.

Der Mann vom NDR besah sich die Szene und sagte, die Herzdame solle einmal böse gucken, das sei ja wohl typisch für die Familienszenen bei uns, das mache ja den Reiz der Geschichten aus, dieses etwas ruppige und doch irgendwie liebevolle Miteinander.

„Genau“, sagte ich, „super, so machen wir das. Ich spiel hier mal lustig mit den Kindern rum und sie guckt böse und schlecht gelaunt von da drüben. Alles wie immer, alles ganz einfach. Los geht’s.“

Ich stemmte den fröhlich lachenden Sohn II auf der Wippe hoch und runter, Sohn I buddelte engagiert vor uns im Sand herum, die Herzdame stand etwas weiter weg, sah uns zu – und lächelte wie eine Madonna.

„Böse gucken bitte“, sagte der Mann vom NDR irritiert, „böse gucken, so wie im Buch. Sie wissen schon.“ Die Herzdame grinste wie ein Honigkuchenpferd. „Da stimmt etwas mit deinem Gesicht nicht“, sagte ich. Die Herzdame strahlte mich an, als wäre ich Prince Charming in Person. „So hast du mich zuletzt bei der Hochzeit angesehen“, sagte ich, „das wird mir hier gleich unheimlich.“ Der Mann vom NDR sagte noch einmal „böse gucken, bitte“, er sprach es jetzt sehr langsam aus und betonte die Silben etwas deutlicher. Die Herzdame drehte sich um, sah in den Himmel und massierte ihre Wangen.

„Ich krieg’s nicht weg“, sagte sie dann und grimassierte bedenklich, „ich kann nicht aufhören. Die Kamera. Das geht so alles nicht.“

Der Mann vom NDR sagte, wir könnten auch einfach etwas warten, sie hätten heute keinen weiteren Drehtermin, das ginge schon. Ich sagte, ja, zwei, drei Minuten müssten reichen, länger als zwei Minuten freundlich zu gucken sei extrem wesensfremd für Menschen aus Nordostwestfalen, da könne er ganz beruhigt sein. Die Herzdame stand neben uns und strahlte weiter, als hätte es mehrere Glas Prosecco zum Frühstück gegeben.

„Schluss jetzt", sagte ich, „sonst kneife ich dieses Kind hier, dann hast du einen Grund für böse Blicke." Ich nahm Sohn II hoch, der wütend protestierte, weil er dringend weiter wippen wollte. Die Herzdame lachte freundlich. Sie legte den Kopf schief wie ein balzender Wellensittich und guckte mich lächelnd an. „Vielleicht sollten wir einfach eine andere Frau filmen", schlug ich vor. „Irgendeine schlechtgelaunte Dame wird hier ja leihweise zu finden sein, immerhin ist das ein Spielplatz und Hauptsache, da ist eine Frau im Bild."

Die Herzdame machte die seltsamsten Gesichtsausdrücke, ein böser war nicht dabei. „Was hat Mama denn?", fragte Sohn I und guckte seine Mutter besorgt an. „Mama versucht nur normal zu sein", sagte ich, „alles in Ordnung. Glaube ich." Die Herzdame sah aus, als würde sie das Beißen in Zitronen pantomimisch nachspielen, diese Art des Grimassierens hatte ich zuletzt bei den etwa Dreijährigen im Kindergarten gesehen. Nach einer Weile gingen ihre mühsam und mit letzter Willenskraft nach unten gezerrten Mundwinkel aber unvermeidlich wieder nach oben, wie von starken Fäden gezogen. „Nichts zu machen", sagte sie schließlich, „wenn das mal bloß kein bleibender Schaden ist."

Die Frau mit der Kamera sah mittlerweile ziemlich gereizt aus, der Redakteur blätterte gelangweilt in den Blättern auf seinem Klemmbrett. Der Mann mit dem Mikro half wäh-

gegen ein Rudel von kleinen Jungs, die energisch an den Gerätschaften herumzogen und alles ganz genau erklärt haben wollten.

Der Redakteur ging auf dem Spielplatz auf und ab und sah sich nach anderen Motiven um. Dann ging die ganze Filmmannschaft zu den großen Reifenschaukeln, um dort etwas zu besprechen. Der Herzdame wurde es jetzt zu viel, sie sah gestresst aus und fragte, ob wir das jetzt endlich beenden könnten, sie habe übrigens auch gar nicht ins Fernsehen gewollt, das sei hier alles nur so schwierig, weil ihr Mann unbedingt Bücher schreiben müsse und überhaupt.

„Jetzt", rief ich den Filmleuten zu, „jetzt ist der Blick da!". Ich winkte über den Spielplatz. Die Kamerafrau drehte sich um und schulterte in bemerkenswerter Geschwindigkeit ihr schweres Gerät, der Mann vom Ton wirbelte mit dem Mikro herum und stürmte stolpernd durch die Sandkiste auf uns zu.

Das Gesicht der Herzdame heiterte sich schlagartig auf, als würde sie gerade den Musikantenstadl moderieren. Die Filmleute blieben abrupt stehen. „Hoffnungslos", sagte ich. Die Herzdame sagte, sie könne sich das gar nicht erklären, das sei anscheinend ein bisher nicht bekannter Lächelzwang vor Kameras, sie könne leider absolut nichts dagegen machen.

„Ja", sagte ich, „das ist nicht zu übersehen. Interessante Sache. Könnten wir nicht vielleicht im Schlafzimmer eine Kamera an die Wand montieren?"

Und da hat sie dann doch noch richtig finster geguckt. Aber da haben die vom NDR schon wieder in der Sandkiste gesessen und über ihrem Drehplan gebrütet.

Mission Schwein

Die Bilderbücher für Kleinkinder sind auch heute noch durchweg der heilen Welt aus seliger Vergangenheit verhaftet, weswegen der Nachwuchs weiterhin in dem Glauben groß wird, es gebe irgendwo da draußen romantische Bauernhöfe, auf denen sich im sonnigen Hof eine Kuh mit einem Schwein unterhält, während ein paar Hühner fröhlich um sie herum golden leuchtende Körner vom Lehmboden aufpicken, die eine pummelige Bauersfrau in bunter Tracht gerade lässig mit einem Reisigbesen zusammenfegt. Hinter dem Hof ein idyllischer Teich, auf dem Enten und Gänse gemütlich schaukeln und dicke Frösche fröhlich planschen, umschwebt von schillernden Libellen. Auf dem alten Baum daneben eine Eule, die mit einem Eichhörnchen über das Wetter redet. Tatsächlich sieht zwar nicht einmal der nächste Demeter-Hof auch nur annähernd so aus, aber das scheint niemanden zu stören. Es sind nicht einige wenige Bilderbücher, in denen es um diese seltsame Bauernhofidylle geht, es sind sehr viele, es sind, man kann das in jeder Buchhandlung überprüfen, alle. Kinder brauchen genau solche Bauernhöfe, mag der eine oder andere vielleicht denken. Ich weiß nicht recht.

Wir leben im Zentrum einer Millionenstadt, hier gibt es Hunde und Tauben und Enten und sonst nicht viel mehr Getier, wenn man von den gewöhnlicheren Insekten einmal absieht. Es gibt hier auch keine Felder, keine Äcker und keine Scheunen voller Heu. Wenn wir die Straße entlanggehen, treffen wir vielleicht tausend Menschen, aber wahrscheinlich ist kein einziger von ihnen Landwirt. Vielleicht arbeitet einer von ihnen als Lobbyist der Tierfutter-

schaft hier nicht. Möglicherweise [illegible] Grund trotzdem pädagogisch wertvoll, dem Kind jeden Tag Bilder von Strohballen und Mistgabeln zu zeigen. Wenn es dann später im Leben in irgendeinem heimatkundlichen Museum endlich einmal eine richtige Mistgabel sieht, dann kann es immerhin vergnügt in seinen frühen Kindheitserinnerungen kramen und sich denken: „Ah, da war doch was“. Welchen Sinn diese Märchenwelt sonst noch haben sollte, das weiß ich tatsächlich nicht. Wir stellen in Bilderbüchern ja auch nicht lang und breit dar, wie die Wäsche jeden Sonnabend mit der Hand am Fluss gewaschen wird, um hinterher auf Sommerwiesen am Alsterlauf zum Trocknen ausgebreitet zu werden – warum lügen wir bei den Lebensmitteln?

Wenigstens haben wir Sohn I frühzeitig die eine oder andere Kuh in Wirklichkeit vorführen können, die stehen in der freien Natur vor den Toren der Stadt noch erfreulich häufig herum, man muss nicht einmal die Autobahn verlassen, um sie zu sehen. Entsprechend nahm er Kühe in Bilderbüchern billigend in Kauf und glaubte uns auch wohlwollend das „Muh“, obwohl er es vermutlich noch nie gehört hatte, denn so eine Kuh neigt nicht gerade zur Geschwätzigkeit. Ein Schwein allerdings kannte er lange Zeit nicht aus der Wirklichkeit. Entsprechend strafte er alle Bilderbuchseiten, auf denen Schweine abgebildet waren, mit Verachtung. Schweine kommen aber leider als Besichtigungsobjekt in der Wirklichkeit nicht allzu oft vor, man findet hier in der Nähe nur noch die zerteilten Häppchen an den Frischetheken – und ich wollte mich nicht mit dem Bilderbuch in der Hand neben eine Supermarktkühltruhe stellen und dem Sohn erklären, dass es sich bei den Plastikschalen dort um ein Schwein handelte, nur eben in Teillieferungen, obwohl diese Art der Aufklärung sachlich mittlerweile sicherlich angemessen wäre.

Das Vorführen von Hängebauchschweinen im Wildpark brachte nichts, die waren aber auch nicht leuchtend rosa, viel zu klein und sahen überhaupt sehr anders aus als die auf den Abbildungen in den Büchern. Auch einem Kleinkind kann man nicht einfach alles glaubhaft machen. Das soll ein Schwein sein? Man macht sich gar keinen Begriff, wie skeptisch Menschen schon in frühester Kindheit gukken können.

Wir fuhren aus pädagogischen Gründen für ein paar Tage in das Heimatdorf der Herzdame und suchten im wilden Nordostwestfalen nach einem Biobauern, der noch frei herumlaufende Schweine hatte. Es ist tatsächlich nicht eben einfach, bei einer Landpartie im Vorbeifahren ein Schwein zu sehen, denn Schweinemast findet meist hinter verschlossenen Türen statt. Aus gutem Grund, es ist kein sehr vorzeigbares Geschäft. Nicht wenige Menschen sind nach näherer Beschäftigung mit dem Thema spontan Vegetarier geworden. Wir wollten uns also bei einem Biobauern mit halbwegs glücklichen Schweinen an den Zaun stellen und die dort auf dem Ackerboden fröhlich herumstrolchenden Schweine bestaunen. Ich hatte fest vor, auf die Tiere zu zeigen und „Schwein“ zu sagen, bis es im Hirn von Sohn I merklich Klick machen würde.

Und kaum fuhren wir tatsächlich los und erreichten die ersten Dörfer, schlief der Herr Sohn seelenruhig ein und dachte gar nicht daran, sich für das Nutzvieh hinter den Gattern an den Landstraßen zu interessieren. Wahrscheinlich hätte er es sogar für eine echte Schweinerei gehalten, wenn wir ihn geweckt hätten, nur um ihm eine Sau zu demonstrieren. Wobei das ohnehin nicht so einfach gewesen wäre, wie ich es mir gedacht hatte, denn

verlassen. Kleine Holzhütten, die ähnlich wie große Kisten aussehen. Und ich wollte dem Sohn nicht so eine Bretterkiste mitten auf einem Acker zeigen und sagen „guck mal, das ist ein Schwein", denn er hat den Kleinen Prinzen ja noch gar nicht gelesen.

Die Mission Schwein war im ersten Anlauf gescheitert. Der Sohn hatte noch monatelang keinen Bezug zu diesen Tieren. Vermutlich ist es bei deutschen Kleinkindern so, dass sie Schweine zwar nicht kennen, aber theoretisch für möglich halten, wie etwa auch den Weihnachtsmann oder den Osterhasen. Die schmecken ja auch gut, das passt in einem kleinen Kopf dann alles schnell zusammen.

Sohn II übernimmt

Man kann sich als Erwachsener natürlich nicht richtig vorstellen, was im Kopf eines Kindes vorgeht, das nur sechs Monate alt ist. Es denkt noch ohne Sprache, es gibt sich ohne jede geistige Kontrolle so gut wie jedem Affekt hin. Die Stimmung schwankt alle paar Minuten und es guckt dabei mit unstillbarer Neugier in diese seltsame Welt, die es mit immer neuen Zauberdingen überrascht, und deren Zusammenhänge ihm mehr als rätselhaft sind. In den Augen des Kindes ein immerwährendes Staunen, um den Mund herum eine unverkennbare Bereitschaft, diesen ganzen Irrsinnsbetrieb, den wir Alltag nennen, sehr, sehr lustig zu finden. Zumindest, solange es noch satt ist.

Ob so ein Baby aber mehr als nur flüchtige Bilder denkt, ob es überhaupt schon irgendwelche Zusammenhänge bastelt, mit welchen Gedanken oder sogar Einsichten es den Personen und Abläufen ringsum begegnet – wer weiß. Bei einem Einjährigen kommt man ganz allmählich dahinter, wie er tickt, schon an den ersten Wörtern und den allmählich zielsicherer werdenden Gesten kann man einiges festmachen – bei einem jüngeren Kind hat man aber nicht viel Chancen. Das Baby gluckst und strahlt, was in ihm dabei vorgeht, das bleibt rätselhaft. Das Denken ohne Worte ist für uns eben nicht einmal mehr denkbar. Aber manchmal bekommt man doch einen unvermuteten kleinen Einblick.

Sohn II saß und guckte. Er saß, wo man ihn gerade hingesetzt hatte und er guckte auf das, was da gerade vor ihm war, denn sonderlich mobil war er noch nicht. Wenn da vor ihm zufällig sein großer Bruder saß, dann guckte er eben den an, wenn vor ihm eine Winkekatze stand, dann guckte er eben die Winkekatze an. Eine von diesen kleinen batteriebetriebenen Katzenfiguren aus Plastik, die man aus asiatischen Restaurants, Lebensmittelgeschäften oder Souvenirläden kennt. Eine Pfote nach oben gestreckt, in unermüdlicher Bewegung, winkend, winkend, winkend. Die rechte Pfote oben steht für Wohlstand, die linke Pfote oben für viele Besucher. Falls Sie eine Winkekatze als Souvenir aus Asien zu Hause haben und seit längerer Zeit auf den Geldsegen warten, während gleichzeitig immer mehr entfernte Verwandtschaft auftaucht – prüfen Sie doch einfach einmal, welche Pfote da eigentlich winkt. Aber das nur am Rande.

Sohn II saß vor der Katze, deren rechte Pfote winkte und winkte, der Sohn guckte zu. Die Augen des Sohnes

waren …
ner Buddha aus. Leerer Blick, …
Bäuchlein, entspannte, aber gerade Haltung – in seinen Augen spiegelte sich die Katze und winkte. Der Kleine saß ganz still davor und atmete sachte. Ein Bild des wunderbaren Friedens.

Dann passierte, was eigentlich nicht passieren sollte, die Katze hörte auf. Die winkende Pfote wurde allmählich langsamer und langsamer, dann stand sie still. Die Batterie war alle, der Schwung war weg. Sohn II machte die Augen irritiert weiter auf, legte den Kopf schief und guckte jetzt ganz genau hin. Nichts. Die Katze rührte sich nicht mehr. Der Sohn sah konzentriert aus, er schien nachzudenken. Er legte den Kopf auf die andere Seite. Er sah die unbewegliche Katze lange an. Dann hob er langsam den rechten Arm und fing an zu winken. Erst noch ein wenig ungelenk, dann immer flotter, nach wenigen Minuten machte er es schon so korrekt wie ein alter Winkeprofi. Die Katze saß vor ihm und guckte zu. In ihren schwarzlackierten Augen spiegelte sich das winkende Kind.

Ein wenig später legten wir den Kleinen ins Bett, er sah müde aus. So ein Dauerwinkebetrieb ist ja auch anstrengend, zumal, wenn man gar nicht batteriebetrieben ist. Nach einer Weile gingen wir noch einmal in das Kinderzimmer, um nachzusehen, ob er auch wirklich eingeschlafen war und auch um zu prüfen, was das für ein leises Klopfen war, das wir seit geraumer Zeit aus der Richtung des Bettes hörten. Sohn II lag auf seinen Kissen, er hatte die Augen geschlossen. Sein rechter Arm klopfte unentwegt auf die Bettdecke, er winkte auch im Liegen weiter. Er winkte und winkte, stoisch, unentwegt, rhythmisch, glückskatzenhaft.

Er war erst sechs Monate alt, aber er hatte doch schon eine elementare Regel des Lebens verstanden: Es gibt Jobs, die einfach gemacht werden müssen.

Das schüchterne Kind

Kleinkinder machen die seltsamsten Phasen durch. Das Kind, das sich eben noch jedem Menschen strahlend an den Hals geworfen hat und fröhlich in jede Kamera winkte, fängt von heute auf morgen an zu fremdeln. Ein Kind, das wochenlang vergnügt und spielerisch Vokale und Konsonanten lallend durcheinander mischte, antwortet einem plötzlich im ganzen Satz. Ein anderes Kind, das sich zwei Jahre lang kaum getraut hat, unter seinen Haaren hervorzugucken, brennt plötzlich vom Spielplatz durch und rennt los, um die weite Welt auf eigene Faust zu erkunden. Kein Blick zurück, es hatte einfach plötzlich die Erkenntnis, dass jetzt eine einsame Entscheidung angebracht war. Phasen wechseln bei Kindern gerne unmittelbar. Man sieht sein Kind staunend an, fragt sich, ob es in der Nacht ausgetauscht wurde und wirft sicherheitshalber einen Blick in den Medizinschrank, um festzustellen, ob etwas Verdächtiges fehlt – aber tatsächlich hat sich im Kind nur einfach ein Schalter umgelegt. So ging es uns auch mit der Schüchternheit von Sohn I.

Nachdem er längere Zeit als Charmeur des Viertels bekannt war, der insbesondere bei fremden Frauen ein phänomenal erfolgreiches Flirtverhalten entwickelt hatte, um das ihn so mancher Möchtegern-Casanova beneidet

Erröten, gesenktem Blick und dezenter Stimmlage, sondern in der schweren Variante, in der das Kind nicht einmal mehr in der Lage war, überhaupt noch mit anderen Menschen in Verbindung zu treten, wenn es nicht gerade die Eltern, der kleine Bruder oder die vertrauten Kindergärtnerinnen waren.

Ich ging eines Morgens in die Bäckerei, in der Sohn I bis dahin jeden Morgen heiter mit den Verkäuferinnen gescherzt hatte und fragte ihn wie jeden Morgen, was er haben wollte. Als ungewöhnlich lange keine Antwort kam, sah ich nach unten, wo das Kind hätte sein müssen, aber da war nichts. Ich sah mich um, kein Kind weit und breit. Ich starrte den Fußboden an, der sich anscheinend gerade aufgetan hatte, um meinen Sohn zu verschlingen, als ich ein leichtes Ziehen am Hosenbein spürte. Das war Sohn I, der wie ein schmaler Schatten an der Rückseite meines Beins klebte und mich mit den Händen sachte zum Rückwärtsgang aufforderte – bloß raus hier. Die Verkäuferinnen beugten sich über den Tresen und sahen nach ihrem kleinen Liebling, der daraufhin hektisch um meine Beine herumwuselte, um nur bloß den Blicken der Damen zu entkommen, als wären es tödliche Laserstrahlen. Er sah gehetzt aus. Nanu, dachte ich, da hat aber einer einen sehr schlechten Tag erwischt.

Nach kurzer Zeit merkten wir, dass es sich keineswegs nur um einen schlechten Tag, sondern viel eher um eine schlechte Phase handelte. Es war nicht mehr daran zu denken, dass der Sohn in einem Laden etwas selbst bestellte. Es war auch nicht mehr daran zu denken, dass er im Beisein anderer Erwachsener den Mund aufmachte, und beim Betreten von Räumen, in denen sich Fremde aufhielten, entwickelte er verblüffende Talente darin, sich in Sekundenschnelle zu dematerialisieren.

Wir waren einmal auf einem Flohmarkt und ich trug ihn auf dem Arm, weil es um uns herum sehr voll war und er sonst nur Beine hätte sehen können, als eine der Verkäuferinnen ihn sah und begeistert „Oh, ist der süß“ rief. Dann langte sie über ihren Tisch, um ihm einen Lolli zuzustecken. Der Sohn, der auf meinem Arm weder weglaufen noch sich ausreichend verstecken konnte, wandte ohne Bedenkzeit einen alten Trick an, den man auch aus Tierfilmen kennt: er stellte sich tot. Ich hatte plötzlich einen vollkommen leblosen Körper im Arm, das Gewicht des Kindes schien sich in einer Sekunde zu verdoppeln. Ein nasser Sack mit äußerst geringem Tragekomfort. Der Kopf kippte nach hinten, die Arme baumelten herab, weder durch Schütteln noch durch Ansprache war ihm irgendeine Reaktion zu entlocken. Hätte ich nicht gesehen, dass er durch den schmalen Spalt eines Auges die Hand der Verkäuferin mit dem Lolli darin weiter aufmerksam beobachtete, ich hätte mir tatsächlich Sorgen um ihn gemacht.

„Was hat der Kleine denn?“, fragte die Verkäuferin. „Wir nennen es Schüchternheit“, sagte ich. Sie steckte mir den Lolli zu und ich versprach, ihn zu übergeben, sobald sich der Kleine wiederbelebt hätte, was wie durch ein Wunder bereits nach zwei, drei Schritten geschah. Sein Kopf tauchte wieder neben meinem auf, seine Hände tasteten suchend an mir herum: „Wo ist der Lolli? Der war für mich!“

wieder zu ermutigen. … heit zu kleinen und kleinsten Gesprächen mit Fremden auf, beteten ihm Formulierungen vor, verbanden kleine Erfolge mit Belohnungen. Es gab Kuchen, wenn er ihn selbst bestellte, es gab Schokolade, wenn er sie selbst bezahlte, er konnte so oft Karussell fahren, wie er wollte, wenn er selbst zum Schalter ging. Natürlich machten wir das nur, wenn es seiner Laune zuzumuten war. Also fast nie. Lange Zeit waren wir uns gar nicht sicher, ob diese Methode nützlich war oder nicht, großartige Fortschritte waren nicht zu erkennen. Vielleicht war es auch falsch, den Jungen auf diese Art zu fordern, wir waren uns nicht sicher, vielleicht hätte man die Phase einfach hinnehmen müssen. Fast wäre ich in Versuchung gewesen, das Problem in einem Erziehungsratgeber nachzulesen. Kinder können einen manchmal wirklich bis zum Äußersten treiben.

Bis ich eines Morgens beim Bäcker stand, den Sohn wieder auf dem Arm. Ich sah mir die Auslage mit den Brötchen an, ich wusste nicht recht, was ich eigentlich haben wollte. Ich überlegte und überlegte, dem Sohn dauerte das nach einer Weile entschieden zu lange. Als ich mich nach einer ihm wohl unmenschlich lang erscheinenden Ewigkeit immer noch nicht für ein Brötchen entschieden hatte, beugte er sich vertrauensvoll über den Verkaufstresen und winkte die Verkäuferin heran. Als diese sich ihm zuwandte, teilte ihr der Sohn in freundlichen Worten leise mit: „Ich möchte ein Rosinenbrötchen. Aber das muss Papa gleich bestellen, weil ich bin doch so schüchtern." Dann hielt er unauffällig seine Hand auf. Die Verkäuferin nahm ein Rosinenbrötchen, reichte es ihm und sagte:

„Verstehe. Dann lassen wir das Brötchen besser von Papa bestellen. Aber bis dahin kannst du ja schon einmal abbeißen.“ Der sehr schüchterne Sohn nickte ihr verschwörerisch zu und knabberte dabei grinsend an dem Brötchen.

Es gibt Eltern, die ein T-Shirt mit dem Aufdruck „Es ist alles nur eine Phase“ tragen. Ich verstehe das.

Einweihung

Das Kleinkind lernt zunächst auf eine eher banale Art. Es erweitert zum Beispiel seinen Sprachschatz sehr pragmatisch; gestern konnte es nur Hammer sagen, heute kann es Zange und Bohrer, von Gegenstand zu Gegenstand, immer im gleichen Begriffsumfeld einen weiter. Als Sohn I und sein kleiner Freund mich einmal bei der Arbeit störten, schickte ich die beiden ins Badezimmer und bat sie scherzhaft, die Waschmaschine zu reparieren. Ich dachte, das wäre ein Spitzenplan, so könnten sie eine halbe Stunde lang Handwerker spielen und ich hätte meine Ruhe, um noch ein paar Zeilen zu schreiben.

Die beiden gingen ins Bad. Der Kumpel von Sohn I öffnete sachkundig die Tür der Waschmaschine und sah in die Trommel. Bewegte die Tür in der Angel etwas hin und her, drückte kurz auf den Knöpfen herum, betastete eine innenliegende Schraube und kam dann wieder zu mir: „Ich brauche einen Maulschlüssel. Sonst geht das nicht.“ Ich hatte nicht die leiseste Ahnung, was ein Maul-

wäre es das

werden Fachmänner, wenn sie lernen. Techniker. Wissenschaftler. Monteure. Sie werden zunächst keine Zauberer, keine Philosophen, Dichter, Priester oder Künstler. Menschliches Wissen fängt bei Gegenständen an.

Nur manchmal, in ganz besonderen Momenten, kann man mit Kleinkindern über die großen Fragen reden.

Es war ein früher Herbstmorgen, ich verließ mit Sohn I das Haus. Er musste zum Kindergarten, ich musste zur Arbeit, zwei Menschen an einem Werktag, von der Pflicht gerufen. Es war ein kalter und dunkler Morgen, der Wind pfiff uns um die Ohren, es war schon spät im Jahr, kurz vor dem ersten Frost. Die Luft roch bereits nach Schnee. Wir setzten uns die Kapuzen auf, zogen Handschuhe an und machten die Jacken zu.

Am Himmel sah man zwischen den schwarzen, jagenden Wolken eine magere Mondsichel, silberblass stand sie über dem Dach der Kirche, gleich neben dem Drachen von Sankt Georg. Der Sohn sah hinauf, fasste mich am Arm, zeigte nach oben und sagte: „Guck mal, die Sonne!"

„Sohn", sagte ich und beugte mich zu ihm hinab, „das ist doch der Mond. Die Sonne ist es, wenn einem warm dabei wird und alles hell ist. Die Sonne ist immer rund und immer am Tag. Das blasse Ding da, das ist der Mond. Tagsüber Sonne, nachts Mond. Das ist eigentlich ganz leicht zu merken." Der Sohn sah weiter nach oben. Ich streichelte ihm über die Kapuze und dachte nach.

Was haben die Menschen im Laufe der Kulturgeschichte nicht alles geschrieben, gedichtet und gesungen über die Unterschiede zwischen diesen beiden Himmelskörpern. Was hat man ihnen schon vor Tausenden von Jahren nicht alles an Göttlichkeit angehängt, an geschlechtlicher

Zuordnung, an Zuständigkeit für Freud und Leid, für Wetter, Klima, Katastrophen, Stimmungen und Schicksale. Was haben sich Menschen darüber den Kopf zerbrochen, wer von beiden was repräsentiert. Welche Unzahl von Gedichten befasst sich mit ihnen, in wieviel Märchen kommen sie vor, in wieviel Geschichten und Romanen beleuchten sie silbern oder golden die entscheidenden Stellen. Liebesszenen, Mordszenen – ganze Bibliotheken könnte man damit füllen. Einer der elementaren Gegensätze unseres Erlebens, Sonne und Mond, von der Steinzeit bis heute. Man darf annehmen, dass bereits die allerersten Menschen über diese beiden nachgedacht haben. Höhlenmaler haben sie mit den Händen an Wände gezeichnet, sogar die Neandertaler werden schon staunend auf sie gezeigt und sich etwas gedacht haben, in ihrem noch etwas begrenzten Hirn. Und mein Sohn konnte sie nicht unterscheiden.

Ich hockte mich neben dem Sohn, nahm seine Hand und dachte kurz und vergnügt daran, dass ich schon bald mein reiches Wissen über Dichtung und Mythologie an den sicherlich interessierten Kleinen weitergeben können würde. Sonne und Mond, was für ein herrliches Einstiegsthema in die Weltdeutung, das war ja, als ob man ganz korrekt von vorne anfangen würde. Wie nach Lehrplan, jedenfalls wenn es einen Lehrplan für die Weltdeutung mit Kleinkindern gebe. Die Grundlagen der Philosophie aus der reinen Naturbetrachtung, mir wurde schon ganz feierlich bildungsbürgerlich zumute. Seit Jahrmillionen erklären Väter ihren Söhnen, was da am Himmel zu sehen ist, und nun war ich dran. Mich durchwallte ein weihevolles Gefühl und ich wusste, ich war ein Mann, der tut, was er als Vater tun muss. Ein ausgesprochen erhebender Moment.

Der Sohn sah noch einmal hoch und sagte achselzukkend: „Mond? Auch gut."

und nahm den Sohn an [illegible]
gentlich ganz gut zusammen."

Babyschwimmen

Früher wurden Kinder kurz vor der Einschulung in ein öffentliches Schwimmbad geschleift, wo ihnen mit rustikalen Methoden beigebracht wurde, sich brustschwimmend über Wasser zu halten. Ich zum Beispiel wurde zu Beginn der Siebziger Jahre des vorigen Jahrhunderts noch aus pädagogischen Gründen ohne Vorwarnung vom Ein-Meter-Brett geworfen, auf dass mir endlich klar werden sollte, wie wichtig es sei, sich im Wasser strampelnd zu bewegen und beständig nach oben zu streben. Meine Mutter sonnte sich währenddessen am Beckenrand, zog an ihrer Zigarette und gab vor, nichts zu sehen. Der Mensch, der mich da warf, war natürlich nicht irgendein Unhold, sondern ein professioneller Schwimmlehrer. Der machte so etwas täglich.

„Komm mal her, ich zeig dir was", sagte er am Fuße des Springturms und hielt mir freundlich die Hand hin, das war dann der letzte Satz, den ich hörte, bevor ich wasserscheu wurde. Wenn man in meiner Generation herumfragt, hört man die erstaunlichsten Gruselgeschichten über Schwimmkurse, es ist eigentlich ein Wunder, dass wir später überhaupt wieder freiwillig in ein Schwimmbad gingen.

Heute ist das alles natürlich ganz anders. Heute tut man einiges, um schon das Baby frühzeitig an das Element Wasser zu gewöhnen. Man versucht gewissermaßen, vom

Schwimmen in der Fruchtblase so gut wie nahtlos zum Schwimmen im Chlorwasser überzugehen, ohne dass sich beim Kind zwischendurch ein unerwünschtes Gefühl der Fremdheit gegenüber dem Flüssigen einstellen könnte. Wer heutzutage Kinder hat, der muss sich also mit dem Thema Babyschwimmen beschäftigen, schon deswegen, weil es alle tun. Es gilt mittlerweile als geradezu herzlos, dem Kind die frühe bis sehr frühe Wassergewöhnung vorzuenthalten: Ihr macht kein Babyschwimmen? Ja, war es denn kein Wunschkind?

Die Schwimmschulen für Kinder gibt es aber auch noch und immer noch werden dort jährlich zum Schulbeginn Seepferdchenabzeichen erschwommen, die dann auf kleine Badehosen und Miniaturbikinis genäht werden müssen. Aber heutzutage wird dort nur noch Nachwuchs mit bereits erfolgreich antrainierter Froschnatur angemeldet, Schwimmen lernt dort längst keiner mehr. Es wird nur noch ein wenig am Stil gefeilt. Den Rest haben die Eltern schon vorher in zahllosen Kursen erledigt.

Ich habe vor geraumer Zeit bereits auf die Besonderheiten des Babyschwimmens hingewiesen. Kein Sport wie jeder andere, wie man im ersten Band dieser Texte ausführlich nachlesen kann. Was im alten Text allerdings noch fehlt, das kann ich jetzt, nach gefühlten zwanzig absolvierten Babyschwimmkursen, quasi als Vollprofi ergänzen: Die Frage nach dem richtigen Timing. Es ist nämlich entscheidend, für das Babyschwimmen die richtige Jahreszeit zu wählen, sonst hat man nichts als Ärger damit. Ich gehe die Jahreszeiten kurz durch, damit die Leserinnen und Leser bei der Kursplanung nicht die gleichen Fehler machen wie ich. Es ist immer schön, wenn man jungen Eltern wirklich anwendbare Hinweise geben kann.

lich nicht in Frage, schließlich …
wieder rausgehen zu können. Frische Luft! Die Düfte des Frühjahrs! Da möchte man natürlich nicht in ein üppig chloriertes Hallenbad. Nein, da möchte man dem Nachwuchs die Blümelein auf der Wiese zeigen, die singenden Vögelein, die aufgetaute Sandkiste, an deren Rand der erste Latte Macchiato im Pappbecher wieder schmeckt wie eine Offenbarung. Da möchte man einfach entspannt in den ersten wärmenden Sonnenstrahlen auf einer Bank sitzen und spüren, wie sich die winterverhärteten Muskeln langsam lockern. Da möchte man durch frisches Grün spazierengehen und am nächsten knospenden Gebüsch tief durchatmen oder auf einer Wiese den ersten Schmetterlingen und Bienen zusehen, wie sie nach den ersten Blüten in berauschender Buntheit suchen. Kein Gedanke daran, die kostbaren Sonnenstunden der wenigen Frühlingswochenenden drinnen in einem neonbeleuchteten Hallenbad zu verbringen.

Sommer: Im Sommer kann das Kind auf jedem größeren Spielplatz planschen, ohne dass man Eintritt dafür zahlen müsste. Selbst auf den kleinsten Balkon passt ein aufblasbarer Pool für das Baby. Wassergewöhnung findet dabei ganz nebenbei statt, jeder Gartenschlauch erfüllt den Zweck, jede Gießkanne, jede Wäschewanne. Die Kleinen spritzen jauchzend wild herum und man selbst kann so lange Eis essen oder sogar die Zeitung lesen. Man kann an ein Meer oder an einen See fahren und dort spielerisch mit den Kindern in den Wellen herumtollen. Das Kind sucht Steinchen und Muscheln in der auslaufenden Brandung und ist glücklich. Es kostet nichts extra, es ist echt, es ist die reine Lebenslust. Kein Mensch mit Verstand geht im Sommer drinnen schwimmen.

Herbst: Im Herbst verbringt man enorm viel Zeit damit, das Kind nach dem Babyschwimmen abzutrocknen und zu föhnen, damit es sich nur ja nicht erkältet, denn draußen ist es kalt geworden und ein Wind fegt von Nord über die Stadt. Die Trocken- und Föhnzeit übersteigt dabei leicht die eigentliche Badezeit, denn man möchte kein Risiko eingehen und nicht alle Kinder lassen sich gerne föhnen. Man verlässt die Schwimmhalle trocken wie ein Zwieback und wird augenblicklich von sintflutartigen Regenfällen so durchweicht, als hätte man das Becken gerade eben erst verlassen. Schwimmkurse im Herbst können furchtbar deprimierend sein, sie kosten nennenswert mehr Zeit als sonst und erkälten tut man sich trotz aller Maßnahmen dennoch unweigerlich. Man sollte den Herbst daher als Badezeit schon aus gesundheitlichen Gründen kategorisch vermeiden.

Winter: Im Winter gibt es zwischen der Außenluft und der Umkleidekabine ein Temperaturgefälle von etwa vierzig Grad. Wer bisher noch niemals Kreislaufprobleme hatte, der lernt sie jetzt endlich kennen. Man kann die Schwimmhalle nach dem Kurs nicht trocken verlassen, da man klitschnass geschwitzt ist, sobald man sich auch nur ein T-Shirt angezogen oder kurz nach seinen Badesandalen gebückt hat. Hatte man im Herbst eine leichte Erkältung, lernt man jetzt, was eine wirklich schwere ist. Von zehn Stunden, die man im Voraus bezahlt hat, versäumt man in der Regel sieben bis acht wegen der eigenen Erkältungskrankheiten und denen des Kindes, mindestens zwei weitere fallen aus, weil das Personal der Schwimmhalle komplett erkrankt ist. Schwimmkurse im Winter sind vollkommen sinnlos.

Zu allen anderen Zeiten sind Babyschwimmkurse aber super und eigentlich ein großer Spaß. Eine Erfahrung, die wirklich keiner missen möchte.

Natürlich macht man als Mann heutzutage bei allem mit, was die Kinder betrifft. Selbst wenn man berücksichtigt, dass es immer noch in den meisten Fällen die Mütter sind, die mehr Zeit mit den Kindern verbringen, sind die Männer doch längst keine ahnungslosen Ernährer mehr, die ratlos gucken, wenn ihnen abends zu Hause überraschend ein Kind über den Weg läuft. Nein, der Mann ist heute mit der größten Selbstverständlichkeit familiär engagiert und auch kompetent. Er weiß, welche Größen die Hosen der Kleinen haben, und er weiß auch, welche Jacken und Mützen zurzeit gerade passen. Er zieht das Kind routiniert passend zur Witterung an. Er weiß, wie man Schuhe für die Kleinen kauft, wieviel Spiel die Zehen dabei haben sollten, er weiß sogar auch, was so ein Schuh normalerweise kostet und wo der Laden ist, in dem man so etwas kauft. Er weiß, welche Windeln zu kaufen sind, er kennt sich mit diversen Fläschchen- und Saugermodellen aus, kann Brei anrühren ohne Mengenangaben nachzulesen und er kann einhändig Lätzchen umbinden. Er kann sogar – wir Väter schrecken allmählich wirklich vor gar nichts mehr zurück – die Liedchen aus dem Kindergarten mitsingen. Er geht souverän mit den ersten Anzeichen für Kinderkrankheiten um, hat immer einen Schnuller in der Anzugtasche und singt die Kleinen abends brummend, aber ausdauernd und selbstverständlich textsicher in den Schlaf. Er nimmt monatelang Elternzeit, er steht jahrelang nachts mit der Milchpulle am Babybett parat.

Alles kein Problem, als Mann ist man voll integriert in das Kinderprogramm, man gibt sich enthusiastisch als Familientier. Und die Frau, sie gibt sich partnerschaftlich.

Sie diskutiert hin und wieder sogar mit dem Mann, welche Strampler gekauft werden sollen. Sie bespricht abends im Ehebett den Speiseplan der Kleinen für den nächsten Tag, sie legt Kinderarzttermine erst nach gemeinsamer Sichtung des Kalenders fest. Sie denkt mit dem Mann zusammen über Kinderwagenmodelle nach, fährt sie gemeinsam mit ihm Probe und erörtert mit ihm ausführlich die Wahl des Kindergartens und der Vorschule.

Es wirkt alles ganz so, als wären Kinder heute tatsächlich ein Fall für Zwei, als ginge es bei der Erziehung um so etwas Teamwork. Nur ganz selten merkt man noch, was Frauen wirklich von uns Männern halten und welche Kompetenz sie uns beim Management der Familie tatsächlich zubilligen. Die Wahrheit ist nicht mehr auf den ersten Blick zu entdecken, aber manchmal bricht sie doch noch durch.

Es war beim Babyschwimmen. Im Becken nur Männer, jeweils mit einem Säugling auf dem Arm. Engagierte Männer gehen natürlich auch ohne die Mutter des Kindes zum Babyschwimmen, keine Frage. Mütter sind in aller Regel in vielen allen anderen Lebensbereichen der Kinder so engagiert, dass sie nicht auch noch zum Babyschwimmen müssen. Das scheint in allen Familien gleich zu sein, weswegen so ein Babyschwimmkurs auf den ersten Blick, wenn man die Winzlinge auf den Armen noch nicht wahrgenommen hat, ein wenig aussieht wie eine Männerselbsthilfegruppe, die sich zur gemeinsamen Wassererfahrung trifft. Mannsein im Urelement, so unplausibel klingt dergleichen ja heute nicht, wenn man einmal in die Kleinanzeigen der Großstadtprogrammzeitschriften sieht.

Die Kursleiterin, die da mit uns in der überhitzten Halle herum planschte, bat uns, einen Kreis um sie zu bilden,

viel Fischlein und Geblubber, die Kinder spritzen lustig herum und dann kündigte die Leiterin die Folgekurse an. Sie sprach vom kommenden Jahr und was da wann zu erwarten wäre. Sie zählte Wochentage und mögliche Kurszeiten auf. Und sagte dann einen Satz, der Bände sprach:

„Ihr könnt mir gerne heute schon einmal sagen, welche Kurse ihr nächstes Jahr besuchen wollt. Ich schreib mir das auch alles auf. Und dann bespreche ich später mit euren Frauen, was wir wirklich machen."

Hallamati (I)

Kurz nach dem Aufwachen erzählte mir Sohn I, dass der Hallamati, also der Heilige Martin, einmal einen ganz armen Mann getroffen habe, also so richtig arm, mit ohne alles, wobei ihm, also dem Heiligen Martin, dann sehr kalt geworden sei. Und daraufhin habe er seinen Mantel geschreddert, und das sei ziemlich nett von ihm gewesen. Sohn I nickte nachdrücklich. Er hatte die etwas stakkatohafte Erzählung schön schräg auf seinem neuen Kinderakkordeon begleitet und ließ den Schluss mit einem langen, dunklen Ton ausklingen. Dann sah er mich nachdenklich an und fragte, was die Geschichte, die ihm da im Kindergarten erzählt worden war, eigentlich bedeuten solle.

Ich versuchte, mehr als ein halbes Auge aufzubekommen, ich sah zur Uhr, es war fünf Uhr fünfzehn. Ich habe viele seltsame Interessen, aber die Beschäftigung mit Heiligenlegenden vor dem ersten Kaffee gehört nicht dazu. Das Kind guckte mich fragend an, ich riss mich zusammen. Es ging schließlich um seine Bildung, hier war Einsatz gefordert. Der Heilige Martin also, im Prinzip eine immerhin einfache Geschichte vom Mitleid. Er hatte einen Mantel, er hatte ein Schwert, der andere fror, Mantel geteilt. Geteilt, nicht geschreddert, übrigens. Voll nett. Ich sank zurück in die Kissen und machte die Augen zu. Sohn I sagte: „Was?“

Ich erklärte es noch einmal, ganz langsam. Kleinkindgemäß. Der Heilige Martin auf dem Pferd, ein edler Ritter. Oder war es ein Römer? Auch egal. Jedenfalls zu Pferd. Ein armer Mann, der gar nichts hatte. Einer viel, einer wenig, teilen. Teilen ist toll. Schwert, Mantel, zack, heilig. Die Herzdame murmelte schlaftrunken unter ihrer Decke hervor: „Heiliger Martin. Supertyp.“

„Ja, danke“, sagte ich, „vielen Dank für die wertvolle Unterstützung.“ Sohn I sah zwischen uns hin und her und nickte. Er schien es verstanden zu haben. Fein, dachte ich, wieder ein Kind in christlicher Tradition erzogen, was bin ich wieder auf der Höhe der Zeit. Sohn I fasste die Quintessenz der Geschichte noch einmal zusammen: „Wenn man seine Sachen kaputtmacht, dann ist das sehr nett.“

Er nickte noch einmal. Die Moral war ihm ein Rätsel, aber wenn sein Vater das meinte, dann war es wohl auch so.

Ich wusste genau, wenn er den nächsten Reißverschluss an einer seiner Jacken mit roher Gewalt zerlegen und ich deswegen böse gucken würde, er würde mir mit dem Heiligen Martin kommen und mit kaputten Sachen, wegen denen andere Menschen gleich zu Heiligen erklärt wurden, während ich nur schimpfend vor ihm stand. Ein armes Kind in einer ungerechten Welt.

Hallamati (II)

Bevor Sohn I einen katholischen Kindergarten besuchte, war mir der Heilige Martin eigentlich gar kein Begriff. Als gebürtiger Lübecker habe ich die Feierlichkeiten um diese Figur in meiner Kindheit nicht erlebt, wir kannten Katholiken dort schließlich nur vom Hörensagen. In meinem Erwachsenenleben habe ich mich bis vor kurzer Zeit mangels Kindern im Umfeld auch nicht recht für Laternenumzüge interessiert und dementsprechend auch keine erlebt. Erst als Sohn I endlich seinen ersten Herbst im Kindergarten verbrachte, ergab sich die gute Gelegenheit, mich mit diesen Bräuchen vertraut zu machen. Eine allerdings etwas ernüchternde Erfahrung.

Ich ging mit einem aufgeregten Kleinkind durch den abendlichen Nieselregen zum Kindergarten. Der Sohn umklammerte seine Laterne mit beiden Händen, die Erwachsenen, die uns entgegenkamen, lächelten uns zu. Solange die Erwachsenen nicht gerade in einem Auto abwarten müssen, bis der Laternenumzug endlich von der Kreuzung ist, finden sie das Szenario sehr niedlich. Der Sohn sah unter seinem Regenhut hervor und winkte den anderen Kindern zu, die an der Hand ihrer Eltern dem gleichen Ziel wie wir entgegen gingen. Vor dem Kindergarten eine Unzahl von Kindern im Regen, unter Schirmchen, in Plastik. Umhereilende Erzieherinnen, die wie Hirtenhunde das Rudel umkreisten und hier und da einen kleinen Flüchtling zurück in die Menge schoben. Elternteile, die sich mit ihren Nachbarn unterhielten, dabei kurz die Kinder aus den Augen ließen und dann hektisch durch die Menge pflügten, um ihren Laternenträger wiederzufinden. Kindernamen wurden gerufen, Musik vom Band wurde versuchsweise sehr laut über einen tragbaren Lautsprecher abgespielt. Und am Ende des Kindergartengeländes tatsächlich ein Reiter, wir sahen den Schatten an der Wand des Doms, auf den ersten Blick sah es wirklich beeindruckend aus. Das änderte sich, als wir näher kamen.

Da ritt ein Mann, der ein Gesicht machte, als hätte ihn ein Gericht zu diesem sozialen Dienst verurteilt, auf einem lustlosen Pferd vor der Kirche auf und ab. Er trug etwas über dem Rücken, das unverkennbar ein rotes Spannbettlaken war und er hatte aus nicht nachvollziehbaren Gründen seine Reiterkappe mit Alufolie umwickelt.

„Bauarbeiter?", fragte Sohn I und zeigte auf den Reiter. „Der Heilige Martin", sagte ich betont fröhlich, das arme Kind hatte sich immerhin auf den Tag gefreut, die Kindergärtnerinnen hatten das sehr schön in den letzten Wochen vorbereitet. „Hallamati", murmelte der Sohn skeptisch und guckte sich den Mann genau an. Er kannte Hallamati schließlich aus den Bilderbüchern, die ihm in den letzten Wochen gezeigt worden waren und er hatte sehr klare Vorstellungen von dieser Figur. Er zeigte auf den roten Mantel und fragte „Decke um?" „Ja", sagte ich geradezu jauchzend, denn man will das Kind ja trotz allem richtig einstimmen, „guck mal, der Heilige Martin trägt einen roten Mantel. Wie in den Büchern, was?"

Sohn I runzelte die Stirn und guckte kritisch. Eine Ordnerin mit Warnweste und Taschenlampe fragte den Heiligen Martin, welchen Weg er reiten wolle, der Zug sollte endlich losgehen. Sohn I und ich standen dicht neben dem Reiter und hörten folgenden Dialog:

Ordnerin: „Und? Wo reiten Sie jetzt raus?“

HM: „Ja, was weiß ich denn.“

Ordnerin: „Äh, na, das müssen Sie schon wissen! Sie müssen ja vorweg!“

HM: „Mir doch egal.“

Ordnerin: „Wie bitte?“

HM: „Ich weiß nix. Mir sagt ja keiner was. Ich soll hier rumreiten. Mehr weiß ich nicht.“

Ordnerin: „Okay, dann schlage ich vor, sie reiten da rechts raus, an der Schranke vorbei und dann einmal um den Block und zurück.“

HM: „Wenn's sein muss.“

Ordnerin: „Ja. Sonst geht hier ja nix, was glauben Sie denn?“

HM: „Na, meinetwegen.“

Sohn I guckte jetzt sehr, sehr skeptisch. Aber immerhin, ein roter Umhang, ein großes Pferd. „Hallamati“, sagte er leise und zeigte auf den Reiter, der jetzt achselzuckend sein Pferd wendete und zur Schranke lenkte, hundert Kinder liefen ihm begeistert nach, das Lichtpunktgewimmel der Laternen wogte über den Domplatz.

„Ein heiliger Mann“, sagte ich, denn ich wollte kein Spielverderber sein, „ein großes Vorbild.“ Und ich dachte respektvoll, dass ich es ja auch gar nicht beurteilen kann. Ich bin nur norddeutscher Laie und Zaungast.

Ich nehme an, dass es sehr viele Möglichkeiten gibt, vom ersten bewusst erlebten Laternenumzug des Lebens beeindruckt zu sein. Man könnte zum Beispiel von der Musik fasziniert sein oder auch einfach davon, dass die Musik mit marschiert. So etwas tut sie ja sonst nicht. Man könnte die neuen Lieder toll finden, diese eingängigen Melodien, die prägnanten Refrains, Rabimmel, Rabammel, Rabumm, das hat doch etwas, das merkt man sich immerhin lebenslang. Man könnte es toll finden, dass die Mütter und Väter alle mitsingen oder man könnte sich auch wundern, warum viele mitlaufende Großeltern so gerührt gucken und viele Passanten stehenbleiben und sehr freundlich winken. Man könnte das Herumlaufen im Dunkeln überhaupt toll finden, wann macht man so etwas schon, wenn man erst zwei Jahre alt ist. Man könnte ungeheuer beeindruckt davon sein, dass man selbst die Dunkelheit mit seiner Laterne erleuchten kann, oder doch wenigstens davon, dass es hundert andere Kinder mit einem zusammen tun, eine wimmelnde Glühwürmchenschar im Dunkel der Straßenzüge. Man könnte es großartig finden, mitten im Spätherbst abends und draußen Würstchen zu essen, man könnte sich aber auch wundern, was denn wohl Glühwein ist, wieso das alle Erwachsenen toll finden und warum man eigentlich nichts davon abbekommt. Man könnte sich in seine Laterne verlieben oder in die eines anderen Kindes, wann sieht man schon einmal Laternen, Laternen sind doch wunderschön.

Das wäre alles vollkommen plausibel gewesen. Aber Sohn I, den wir nach dem Laternenumzug befragt haben, wie er es so gefunden hatte, sagte sofort und mit leuchtenden Augen: „Das war toll! Kleine Mädchen im Dunkeln!“

Sohn II macht auch mal was

Etliche Monate vergingen, längst waren wir zu viert, ohne dass über Sohn II viel zu sagen gewesen wäre. Es drehte sich in meinen Texten fast immer alles um Sohn I. Der machte einfach mehr. Sohn II machte tatsächlich fast nichts, außer trinken, schlafen und lachen. Das hat zwar so mancher auch als Lebensziel, aber es ergab doch zunächst nicht viele Geschichten, zumal wenn man all die Babypointen schon bei Sohn I verbraucht hat. Die Schwierigkeiten beim Wickeln, beim Schlafen, beim Herumtragen, beim Bäuerchenmachen – über alles wurde schon bei Sohn I berichtet. Da muss man sich als zweites Kind schon etwas mehr Mühe geben, wenn man auch einmal erwähnt werden möchte.

Wir waren auf besonderen Wunsch von Sohn I am Heiligen Abend in der Kirche. Das ganze Heimatdorf schien den kleinen Bau der Kirche in Nordostwestfalen zu füllen, es gab sogar Gedrängel um die Stehplätze auf der Empore. Man schwitzte kollektiv in dem völlig überheizten Gotteshaus, während oben neben der Orgel der dörfliche Posaunenchor dröhnte. Gestandene Bauern mit dicken Backen an großen, glänzenden Instrumenten, Sohn I war vollkommen hingerissen und sah sich beglückt in dem Kirchenschiff um, er schien einen Sinn für Inszenierungen zu haben. Sohn II lachte fröhlich vor sich hin, das tat er aber in der Regel bei jeder Gelegenheit.

Der Pastor begann zu predigen. Sohn I hörte beeindruckt zu, wobei er mir mehrmals nachdrücklich „Pastor!“ und „gleich Lala!“ zuflüsterte. Immer gut, jemanden dabeizuhaben, der einem alles erklärt, dachte ich. Der Sohn schien die Rolle des Geistlichen zwar nur dahingehend zu verstehen, dass er die Musik ansagte, aber man kann von Kleinkindern auch nicht zu viel verlangen. Zumal diese Auslegung partiell durchaus richtig war. Der Pastor las aus dem Lukas-Evangelium und endlich, endlich sah auch Sohn II seine Stunde gekommen, um etwas zu machen, was ihm – und nur ihm! – allgemeine Aufmerksamkeit schenken sollte. Er wartete geduldig, bis der Pastor bei der Stelle „Und sie gebar ihren ersten Sohn und wickelte ihn in Windeln und legte ihn in eine Krippe“ war, um dann genau bei diesen Worten, in verblüffender Lautstärke und für die ganze Gemeinde sehr schön hörbar, seine eigenen Windeln unter langem Furzen reichlich zu füllen, begleitet von einem zufrieden glucksenden Lachen. Der Pastor hielt irritiert einen Augenblick inne.

Natürlich brachte dieses Geräusch jeden dazu, ganz unmittelbar zu verstehen, dass aus dem frisch geborenen Gottessohn nun eine zunächst sehr irdische Angelegenheit geworden war. Und da die Herzdame mitten in der gesteckt vollen Kirchenbank mit dem Kind nicht mal eben aufstehen konnte, ohne gleich die ganze Gemeinde aufzuscheuchen, er aber gerade einen schmerzhaft wunden Po hatte, haben wir die Windeln schnell vor uns auf dem Boden gewechselt, so dass die besonders frohe Botschaft um uns herum auch allgemein über die Nasen wahrgenommen werden konnte. Ob darüber nun jubelnd der Engelein Chor schwebte oder nicht, unten ging es zunächst einmal schlicht um Kacke, am Ende ist das eben auch ein bedenkenswerter Aspekt der Weihnachtsgeschichte, und wäre der Pastor etwas spontaner gewesen, er hätte den Zwischenfall ruhig in die Predigt einbauen können. Nur dass man natürlich von Nordostwestfalen schwerlich Spontaneität verlangen kann.

Dass übrigens die Heiligen Drei Könige die stark duftenden Gaben Weihrauch und Myrrhe brachten, wer weiß, am Ende hatte es einen praktischeren Hintergrund als wir alle bisher ahnten. Man sieht so vieles in ganz neuem Licht, wenn man Kinder hat.

Der Eimerkompromiss

Die Herzdame und ich unterscheiden uns in nahezu allen wichtigen Fragen des Lebens grundsätzlich, sonst wäre eine so dauerhafte Beziehung wie die Ehe ja auch schrecklich langweilig. Gleich und gleich gesellt sich vielleicht gern, sollte sich aber noch lange nicht paaren. Wir zogen es immer vor, unsere Unterschiede zu kultivieren. Wir vertragen uns glänzend im Großen und Ganzen, aber wir streiten jahrelang über jedes Detail.

So konnten wir zum Beispiel auch keine Einigkeit bei der Frage des Weihnachtsbaums erzielen, denn die Frage nach echten, brennenden Kerzen oder der künstlich-sicheren Elektrovariante führte Jahr um Jahr zu ernsthaften Differenzen zwischen uns beiden. Als Entspannung suchender Mensch bevorzuge ich die Elektrovariante, die gemeinhin auch ohne permanente Aufsicht nicht plötzlich in Brand gerät und die Feiertage durch größere Desaster verdirbt, die Herzdame aber, als wildes Landkind, bevorzugt echte Kerzen, damit Weihnachten auch richtig spannend wird. Schon bei unserem ersten gemeinsamen Weihnachtsfest vor mittlerweile vielen Jahren haben wir uns daher nur mühsam auf beide Arten von Kerzen geeinigt, was dann einen Baum ergab, mit dem wir beide nicht zufrieden waren. Es war im Grunde auch keine Einigung, sondern eine Art Zwangskompromiss, die letzte

Lösung, wenn wir den Weihnachtsabend nicht in getrennten Zimmern hätten erleben wollen. Das Anzünden der beiden Kerzenarten rief verlässlich die Erinnerung an den nur gerade eben unterdrückten Streit hervor, die Bescherung vor dem Baum war dann eine sehr angespannte Angelegenheit.

In den beiden Jahren danach haben wir uns abgewechselt. Einmal gab es nur echte Kerzen am Baum, einmal nur Elektrokerzen. Einmal stand ich also das ganze Weihnachtsfest nervös neben dem Baum, jederzeit bereit, die Feuerwehr anzurufen und kübelweise Wasser durch die Wohnung zu schleppen, einmal saß die Herzdame beleidigt auf dem Sofa und erläuterte mir stundenlang, wie sich ein richtiges Weihnachtsfest anzufühlen habe. Sie fragte, warum ich nicht gleich so einen Plastikweihnachtsbaum mit bunt blinkenden Kerzen kaufen würde. Ich sagte, die Idee sei gar nicht so schlecht und ich als Controller würde überhaupt billige und effiziente Lösungen begrüßen. Wir fanden weiterhin nicht recht in die erstrebte Weihnachtsstimmung. Mangels Alternativen blieben wir dabei, die Kerzenart von Jahr zu Jahr zu wechseln.

Das erste Weihnachten mit zwei Kindern war ein Wachskerzenweihnachten. Obwohl ich echte Kerzen gerade mit Kindern im Raum für gefährlich, um nicht zu sagen für hirnverbrannt halte, habe ich klaglos den Baum mitdekoriert, denn ich bin ein fairer Partner und halte mich als Hanseat unbeirrbar an Abmachungen. Die Wachskerzen duldete ich aber nur, sofern ein großer Eimer mit Wasser neben dem Baum stand, was die Herzdame wiederum grauenvoll uncool und peinlich fand. Ich hatte allerdings keine Lust auf eine abgebrannte Wohnung, nur weil das Löschzubehör nicht dem Stil der Herzdame entsprach und so stritten wir wiederum kurz vor Weihnachten über die

Platzierung von Baum und Eimer. Die Lösungen variierten, mal stand der Eimer mehr, mal weniger prominent im Raum. Schließlich stand der Baum in einer Zimmerecke und der Eimer dahinter, so dass man, wenn der Baum tatsächlich gebrannt hätte, erst den gerade abfackelnden Baum hätte hochheben müssen, um überhaupt an den Eimer zu gelangen. „Hauptsache Eimer im Raum", wie die Herzdame sagte, die sich als Jahressiegerin betrachtete, „so war doch der Kompromiss". Ich verkniff mir mühsam eine passende Antwort über unhanseatische Lebensformen und ihre Schwächen bei der Redlichkeit. Ich ließ sie freundlich nickend gewähren und nähte abends einfach kleine Schildchen mit dem Aufdruck „Löschdecke" an ihre heißgeliebten Sofaüberwürfe.

Man lernt eben, sich zu arrangieren, wenn man nur lange genug zusammen ist.

Hier wird ausgebildet

In den Fachbüchern über kindliche Entwicklung findet man das Wort „Sprachexplosion". Es bezeichnet ein überaus faszinierendes Phänomen, das eintritt, wenn das Kleinkind von der stammelnden Forderungssprache („Milch! Banane! Mama!") recht plötzlich zu ganzen Sätzen übergeht und dann seltsam unvermittelt Vergangenheits- und Zukunftsformen gebraucht, in Gedankengängen Bedingungen verschachtelt, komplexe Vorgänge verstehen und wiedergeben kann, sein Vokabular dramatisch erweitert und schlagartig zur Abstraktion fähig ist. Wie wir nun aus eigener Erfahrung wissen, kann diese

Steigerung tatsächlich in etwa drei bis vier Wochen erfolgen. Man hatte eben noch ein Kind, das morgens „Hunga!“ rief und diffus Richtung Kühlschrank zeigte – und zack, hatte man eines, das morgens „möchte bitte getoastetes Brot mit Lachs, viel und jetzt! Und einen Tee, nicht so heiß!“ ruft.

Gab das Kind gestern noch alle fünfzehn Minuten ein einsames Substantiv von sich, wird man auf einmal ganztägig zugetextet, dazwischen liegt keine Phase des Übens, kein monatelanges Training, nein, der Sprachmodus wird einfach zugeschaltet, als hätte man nachts von irgendwo ein Update heruntergeladen. Das erfüllt den Vater, wenn er ein klein wenig sprachfixiert ist, natürlich mit Stolz. Da wird auch das Vorlesen gleich interessanter, da kann man sich austauschen, da kann man den Kleinen auf ganz neue Art belehren und gemeinsam Sprachwelten entdecken.

Ich setzte mir Sohn I mit ganz neuer Erwartungshaltung auf den Schoß, nahm eines seiner Bilderbücher und schlug es auf. „Guck mal, ein Eichhörnchen“, sagte ich, „was macht es denn da?“ „Nüsse knacken, dann Nüsse essen. Macht Arbeit“, antwortete der Sohn, als hätte er schon immer flüssig sprechen gekonnt, es war die helle Freude. Endlich konnte ich aufhören, immer nur stupide auf eine Abbildung zu zeigen und auf eine richtige Nennung zu hoffen, endlich konnte man sich über die Bilder richtig unterhalten, am Ende würde das Vorlesen sogar noch Spaß machen. Die nähere Zukunft schien mir vielversprechend. „Und wo wohnt das Eichhörnchen?“, fragte ich, ohne dabei auf die Höhle im Baum zu zeigen, denn da sollte der Sohn ja selbst drauf kommen, man ist ja soweit pädagogisch ambitioniert. „Im Kobel“, sagte der Sohn. „Äh ...“ sagte ich. Im Kobel? Was sprach das Kind da?

Ich: „Kobel? Du meinst Höhle? Nest? Baumloch?"

Sohn: „Das heißt Kobel."

Ich: „Kobel?!"

Sohn: „Kobel. Wohnt Eichhörnchen."

Ich rief die Herzdame dazu und fragte sie, wo Eichhörnchen wohnen. Sie sagte sie wohnten in einem Kobel, das hätte sie kürzlich erst vom Sohn gelernt. Ich drückte das Bilderbuch dem Sohn in die Hand und ließ ihn alleine weiterlesen. Ich ging an mein Notebook und googelte das Wort Kobel. Dann sah ich fassungslos auf die Ergebnisseite. Kobel ist tatsächlich der Fachbegriff für ein Eichhörnchennest, Tausende von Fundstellen konnten nicht lügen. Ich hatte das Wort noch nie im Leben gehört. Der Sohn war mir gefolgt und sagte ruhig und mit erhobenem Zeigefinger: „Heißt Kobel."

Er betonte es sorgfältig, damit es auch Unkundige wie ich verstehen konnten. Ich fragte die Herzdame, wieso der Sohn den Begriff Kobel kannte. Sie sagte, woher schon, aus dem Kindergarten wahrscheinlich, das sei doch vollkommen egal. Ich sagte: „Ja wie, egal? Der Lütte weiß mehr als ich und das soll egal sein? Ich arbeite mit Text, ich mach das beruflich! Ich kann mich doch nicht von Zweijährigen belehren lassen! Der weiß nach den ersten hundert Wörtern eines mehr als ich – wo kommen wir denn da hin? Rechne das mal hoch!"

Der Sohn legte eine Hand beruhigend auf mein Knie und sagte freundlich, aber bestimmt: „Heißt Kobel. Jetzt weiterlesen."

Gut, dachte ich, man soll sich in Erziehungsfragen nicht aufregen. Wer sich aufregt, der hat schon verloren, auch das kann man in jedem Ratgeberbuch nachlesen. Ich würde wohl einfach entspannt abwarten müssen, was er mir am nächsten Tag beibringen würde.

Die Hopplermodernisierung

Man muss natürlich sehr aufpassen, wenn die Kleinen gerade in der Phase der sogenannten Sprachexplosion sind, denn tatsächlich reicht ihnen manchmal nur einmaliges Hören und Verstehen, um ein Wort ein für allemal abzuspeichern. Wenn das Kind dann eines Morgens mit der Kleidung kämpft und etwas wie „Dreckshose!" brüllt, dann weiß man wieder, was man selbst gesagt hat, als man es neulich einmal am frühen Morgen sehr eilig hatte und nicht schnell in den Anzug kam. Korrekturen sind da schwer möglich, die Kinder hängen verbissen an dem, was sie gerade erst frisch gelernt haben. Es hat wenig bis gar keinen Zweck, den Sohn zu bitten, doch lieber „dumme Hose" zu sagen, er erkennt die Absicht und ist verstimmt. Er weiß, dass er Recht hat, denn so spricht Papa in Wahrheit gar nicht.

Eine Weile hielten sich die Desaster bei uns in Grenzen. Sohn I fiel im Kindergarten nur dadurch auf, dass er, wenn ein anderes Kind rülpste, stets fröhlich und laut „Mahlzeit" rief. Er hielt es für eine Form der Höflichkeit, versteht sich. Wir konnten ja nicht ahnen, dass sich der intimere Familienjargon so schnell nach außen verbreiten würde.

Etwas schwieriger war die Sache mit den festlichen Höhepunkten des Jahres, da gab es plötzlich doch ein kleines sprachliches Problem. Nachdem Sohn I einfach nicht aufhören wollte, stundenlang aus dem Fenster nach dem Weihnachtsmann Ausschau zu halten, der, nach dem der Dezember gerade eben erst ein paar Wochen vorbei war, erst in ziemlich viel Monaten wieder vorbeikommen sollte, dachten wir nämlich, es wäre vielleicht sinnvoll, ihn langsam auf das nächste Highlight des kindlichen Jahreslaufs vorzubereiten, also auf Ostern. Immer nur darauf herumzureiten, dass der Weihnachtsmann wieder weg ist, das klingt auf Dauer doch zu negativ, wir wollten ihm gerne eine erfreulichere Aussicht bieten. Außerdem lag kein Schnee mehr, es blühten schon die ersten Krokusse – wir konnten das Thema Weihnachten wirklich nicht mehr hören.

Wir saßen beim Abendbrot in der Küche. Der Sohn beobachtete gerade fasziniert den Toaster, den er ja schon ganz alleine bedienen konnte, und fragte uns nebenbei, ob morgen denn endlich wieder der Weihnachtsmann käme. Mit Rentieren? Und Engeln? Und Geschenken? Und dem Christkind? Er hatte das typisch weihnachtliche Gemisch aus biblischer Geschichte, Nikolauslegende, Knecht-Ruprecht-Gedichten und Santa-Claus-Marketing noch nicht ganz entwirren können, aber das wäre von einem Zweijährigen auch etwas viel verlangt gewesen.

Ich erklärte ihm, dass nach dem kürzlich erst erfolgten Auftritt des ganzen Weihnachtspersonals nun erst einmal der Osterhase dran sei, der würde demnächst kommen, nämlich sobald es draußen noch etwas wärmer sei. Der Sohn, der mit seiner Aufmerksamkeit größtenteils bei dem Küchengerät vor ihm war, hörte mir nur halb zu und murmelte „Weihnachtsmann. Kommt bald. Mit Schlitten. Und allem."

„Osterhase!" sagte ich energisch, um kindgerechte Kürze bemüht, „Der kommt bald!"

Der Sohn sah mich an, sah dann wieder auf das Küchengerät, sagte „Toasterhase" und nickte. Dann kümmerte er sich weiter um sein Brot. „Nein, Osterhase!" sagte ich, „mit ohne T vorne! Ooooster!" „Ja", sagte der Sohn „Toasterhase. Kommt bald." Er sah gespannt in den

Toaster. Er hatte genug gehört. Ich weiß nicht, was er sich in diesem Moment genau vorstellte, aber er hat es erst einmal so hingenommen, dass der Toasterhase bald kommen sollte. In einer Welt, in der dicke alte Männer mit Schlitten fliegen können, ist immerhin vieles möglich, worauf man nicht sofort kommt, wenn man noch sehr klein ist. Was weiß man schon?

Nun war das einerseits schade, dass der Osterhase so leicht keine Chance mehr bei ihm haben sollte, aber andererseits – der Osterhase hoppelt seit Hunderten von Jahren unverändert, ohne jeden Relaunch durch die deutschen Frühjahre. War es nicht vielleicht Zeit, ihn etwas zu modernisieren? Weiß denn noch irgendjemand, was Ostern eigentlich heißt, also einmal abgesehen von der christlichen Bedeutung, die man Kleinkindern aber nun wirklich nicht gerade leicht vermitteln kann? Haben wir nicht seit tausend Jahren jeden Bezug zu dem Hasen mit den Eiern verloren, der irgendwann in grauer germanischer Vorzeit einmal für Fruchtbarkeit stand? Und hat nicht andererseits jeder einen Toaster? Sollte man sich nicht bemühen, den Kindern Bilder zu vermitteln, mit denen sie auch etwas anfangen können? Könnten wir daraus nicht gemeinsam etwas machen, das alltagstauglich, modern und kindgemäß ist? Doch, das können wir. Bestimmt.

Der Toasterhase. Ein Mythos war geboren.

Und ich beschloss, erst einmal ein paar Hasen aus Toastbrot zu schnitzen, bis sich der Toasterhase fest in der deutschen Alltagskultur etabliert haben würde.

Theater

Hamburg ist reich an Theatern. In fast jedem Stadtteil gibt es hier eine Bühne, zumindest wenn man auch die winzigen Varietés, Kulturvereine, Schultheater, Clubs etc. mitzählt. Ein unüberschaubares Angebot. Staatstheater, Privattheater, Undergroundtheater, teilweise verlockend nah. Das größte deutsche Sprechtheater zum Beispiel, das Hamburger Schauspielhaus, erreichen wir in nur fünf Minuten zu Fuß. Ein bekanntes Haus, ein viel gelobtes Haus, ein schöner alter Bau mit sehr modernen, bestbesprochenen Inszenierungen, die mir allerdings zuverlässig nicht gefallen wollen. Was selbstverständlich an mir liegen muss, die Fachleute in den Feuilletons werden sich ja nicht irren. Überhaupt ist Theater schwer zu bewerten. Ich habe es schon verschiedentlich versucht, darüber zu schreiben, nie ist es mir recht gelungen. Es ist unsäglich schwer, einem Theaterstück in ein paar Zeilen gerecht zu werden. Ich mache aber doch noch einen letzten Versuch.

Das Stück heißt „Müll" und es wurde abseits der kulturellen Institutionen aufgeführt, einfach so, an einer beliebigen Straßenecke, wie etwa eines Morgens direkt vor unserer Haustür, es hatte etwas von Happening oder Performance. Es gab wenig Akteure, die Bühne war anspruchslos und das Publikum war klein. Das Publikum war sogar sehr klein, genau genommen war es etwa einen Meter groß. Wir sahen zunächst nur ein minimalistisches Bühnenbild, einen rohen Betonklotz mit blechernen Türen, die im eisigen Morgenwind hin und her schwangen. Der Klotz war hohl und leer, innen lagen nur ein paar Papierfetzen und eine durchfeuchtete Pizzaschachtel, man erkannte gerade eben noch den werbenden Schriftzug „feurig“ in roter Farbe, eine leise Ironie an diesem bitterkalten Wintermorgen. Man hörte Lärm, man sah den fernen Schein von orangefarbenem Blinklicht. Das Publikum reagierte schon jetzt enthusiasmiert, mit Vorschusslorbeeren wurde hier nicht gegeizt, mit Begeisterung wurde immer wieder der Name des Stückes gerufen „Müll! Müll!“

Es gab keine Bestuhlung, das Publikum nahm einfach auf einem Mauervorsprung Platz und wartete gelassen ab, was da noch kommen sollte. Noch bevor die unteren Extremitäten komplett an der Mauer festgefroren waren, trat ein Müllmann auf. Eine lange, hagere Gestalt in signalfarbener Kostümierung, die Hose war angedeutet verdreckt, die schweren Stiefel knirschten auf dem gefrorenen Schnee der letzten Tage. Das Gesicht war unter zwei Kapuzen und einer Mütze fast nicht zu erkennen, man ahnte einen Bart, eine Kippe hing im Mundwinkel, gewaltige Wolken aus Rauch und Atem umwaberten ihn. Der Gang war kräftig, die Arme wirkten geradezu überlang, ganz so, als hätte er sein ganzes Leben lang Mülltonnen gestemmt. Mülltonnen wie die beiden, die er polternd hinter sich herzog. Sie waren offensichtlich leer, der Müllwagen musste etwas weiter weg stehen. Die Plastiktonnen hüpften im Rollen, es wirkte, als wollten sie bocken, als wäre ihnen die Rolle nicht genehm. Der Müllmann murmelte, man konnte es nicht verstehen, nur ahnen, vielleicht sprach er beruhigend auf die Tonnen ein, als wären es Pferdchen, die nicht recht wollten. Am Ende spricht man nicht umsonst von Müllkutscher, dachte man sich, während man ihm zusah. Das Publikum war elektrisiert und stand schon nach diesem kurzen Auftritt auf, es winkte und rief, immer wieder, die Stimme kippte vor lauter Begeisterung,

„Müll! Müll!“. Und tatsächlich strahlte dieser Müllmann eine Authentizität aus, die einfach beeindrucken musste.

Der Müllmann winkte zwischendurch kurz ins Publikum, soviel Nähe hat man auch nicht bei jedem Stück, diese ironischen Brechungen sind ja im Moment wieder ganz aus der Mode gekommen. Hier durfte das noch sein! Er drückte die Tonnen kraftvoll in den hohlen Betonklotz, trat dann einen Schritt zurück und fegte mit den behandschuhten Händen noch einmal über den schwarzen Plastikrand der Tonnen, die dabei dezent klapperten; es sah aus wie bei einem Friseur, der der Kundin noch einmal abschließend in die gut sitzenden Haare fasst, während die zufrieden danke sagt. Es sind diese kleinen Gesten, diese feinen Details, die eine Inszenierung glaubhaft machen. Dann holte der Müllmann mit beiden Armen weit aus, man kann gar nicht glauben, welche Spannweite so ein Kerl haben kann, er fasste die beiden Metalltüren links und rechts, warf sie mit Schwung zu und trat dabei gleichzeitig noch weiter zurück, es lag eine tänzerische Sicherheit in diesen Bewegungen, als hätte er es tausendmal geprobt. Die Türen knallten mit wuchtigem Scheppern zusammen. Der Müllmann drehte sich im gleichen Moment auf den Zehenspitzen um, ganz leicht wirkte er dabei, es war eine Andeutung von Tanz, ein Pirouettenrudiment – und er nahm die Hände an die Hosennaht, guckte das Publikum ergeben an und verbeugte sich.

Sohn I, der sich seiner Rolle als mitwirkendes Publikum wohl bewusst war, strahlte und bebte förmlich vor Freude. Er zog sich mühsam seine dicken Fäustlinge aus, was gar nicht so einfach ist, wenn man noch nicht einmal drei Jahre ist, dann drückte er sie mir in die Hand, damit ich sie eben für ihn hielt, drehte sich wieder zum Müllmann um – und klatschte.

Der Müllmann dankte feierlich und ging ab, mit federndem Schritt, zur nächsten Inszenierung, an der nächsten Ecke, wo auch immer das Publikum auf ihn wartete. Sohn I hörte auf zu klatschen, sah mich an und sagte „Handschuhe bitte“. Bei diesen Inszenierungen wird keine Zugabe erklatscht, hier gibt es keinen zweiten, dritten Vorhang, das ist schließlich Straßentheater, kein Staatsakt.

„War gut?“, fragte ich den Sohn und “super” antwortete der, „super Müll!“ Und das Publikum, es hat natürlich immer recht. Es war DAS Stück der Saison.

Ehrgeiz

Das wöchentliche Kinderturnen fand in einer ganz normalen Turnhalle statt, wie sie wohl jeder noch aus seiner Schulzeit kennt. Mit dem ganz normalen, altvertrauten Zubehör. Den hölzernen langen Bänken, den Böcken mit dem abgegriffenen Lederbezug, den Sprossenwänden, den dicken Tauen, den großen, blauen Matten und den auf halber Höhe in der Zugluft der Halle baumelnden Ringen. Da waren die vertrauten Volleybälle, die großen Kästen, der Stufenbarren – alles, was man eben immer schon einsetzte, um Halbwüchsige oder Kinder auf Trab zu bringen. Der vertraute Geruch nach Linoleum und Leder, nach Schweiß und nach Schule. Der Staub, der im schräg durch die hohen Fenster fallenden Sonnenlicht golden flimmerte. Und an den Stirnwänden hingen die Körbe für Basketball. Etwas schief, ramponiert und mit zerzauselten Netzen, aber bespielbar.

Für Sohn I war das, als wir mit dem Kinderturnen im Sportverein „Vorwärts Sankt Georg“ begannen, alles noch etwas überdimensioniert, aber das machte nichts. Eine Sprossenwand konnte er trotzdem schon hochklettern, wenn er nur genug Zeit hatte. Über einen Kasten kam er natürlich auch irgendwie, schließlich sind Löcher an der Seite, in die ein kleiner Fuß passt. Auf den Matten konnte er Rollen üben, auch wenn er sie noch Purzelbäume nannte, und auf den Bänken konnte er prima balancieren. So eine Turnhalle kann ein tolles Abenteuer sein, da braucht man gar keinen Turnlehrer oder Trainer. Man macht sich keinen Begriff, auf welche Übungen ein Rudel Kinder kommt, wenn man es einfach machen lässt und genug Geräte herumstehen.

Nur das mit dem Basketball, das war wirklich etwas schwerer.

Der Sohn war etwa einen Meter groß, und wenn er beide Hände weit nach oben streckte, dann kam er vielleicht bis 1,40, wenn man es sehr optimistisch einschätzte. Der Korb hing oben auf den gnadenlosen, regelkonformen 3,05 Metern Höhe. Das Netz wehte ganz leicht und lockend sachte hin und her. Der Sohn stand ernst vor dem Korb, er hatte einen Ball in den Armen und fixierte das Ziel. Lange stand er da, mit dem Kopf im Nacken. Er stemmte den Ball nach oben, es war ein ziemlich großer Ball für so einen kleinen Knirps. Er warf mit wilder Entschlossenheit und vor Kraftanstrengung rotem Kopf. Der Ball plumpste ihm nach nahezu inexistenter Flugbahn direkt vor die Füße und rollte langsam zur Hallenwand. Der Sohn rannte hinterher und ging zum Ausgangspunkt zurück. Fixierte den Korb, hob beide Arme – und warf. Und warf und warf. Eine geschlagene Viertelstunde lang.

Eine Viertelstunde ist nicht viel, wenn man als Erwachsener Sport trainiert, wenn man aber noch nicht einmal drei Jahre alt ist, dann ist eine halbe Stunde sehr, sehr viel Zeit. Es war dem Kleinen gänzlich unmöglich, etwas zu erreichen, aber er machte weiter, weiter und immer weiter – einfach weil er wusste, dass es irgendwann gehen würde. Er hatte es ja gesehen, er hatte ganz genau angesehen, dass es ging. Papa hatte es vorgemacht, andere Erwachsene hatten es vorgemacht. Für die großen Jungs schien es sogar ganz normal zu sein, den Ball sehr lässig und wie nebenbei da oben in das Netz zu werfen, manche konnten das sogar mit nur einer Hand. Manche konnten das auch aus enormer Entfernung, manche konnten es im Vorbeigehen, scheinbar ohne hinzusehen, und manche standen fast genau unter dem Korb und brauchten zehn Versuche - aber alle hatten irgendwann Erfolg.

Man konnte also einen Ball bis nach da oben werfen und der Ball konnte auch in dem Korb landen und dann durch das Netz fallen. Wenn es aber andere konnten, dann konnte er es auch – irgendwann.

Soviel hatte er natürlich schon vom Leben verstanden, dass all das, was die Großen konnten, für Kinder irgendwann erreichbar wird. Nur blieb das mit dem Wann leider oft noch sehr unklar. Aber irgendwann, soviel stand immerhin fest, würde er auch für diese Übung groß genug sein. Man musste eben üben und üben, das weiß man auch mit zweieinhalb Jahren schon. Jedes Kind weiß ganz sicher, dass es wachsen wird und nahezu alles erreichen kann, es vertraut unwillkürlich ganz fest darauf.

Nun soll man ein Kind in so einer Konzentrationsphase nicht stören, es lernt schließlich gerade etwas und es lernt ganz alleine oft am besten. Man soll seine Haltung nicht korrigieren, es nicht mit Tipps nerven oder ihm gar etwas vorturnen, nur weil man selbst alles schon lange kann und manches besser weiß. Nichts ist so wertvoll wie die eigene Erfahrung, sagt die moderne Pädagogik. Man muss auch als Vater einfach mal zurücktreten können, zusehen und abwarten.

Aber in der Sportstunde der nächsten Woche habe ich ihm dann doch gesagt, dass selbst ein Basketball-Star wie Dirk Nowitzki vermutlich gewisse Probleme hätte, wenn er das Korbwerfen dauernd mit einem Medizinball versuchen würde.

In den Seilen hängen

Natürlich bringt so eine Turnhalle voller Gerätschaften nicht nur die Kinder in Versuchung, sich an allem zu versuchen. Auch als Vater steht man sinnend vor dem Stufenbarren und erinnert sich dunkel an die Abfolgen der Übungen, die man vor vielen Jahren einmal für ein „Befriedigend“ daran herunterturnen musste. Es juckt in den Fingern, alles noch einmal auszuprobieren, auch wenn es zwanzig Jahre her ist und, wenn man ehrlich ist, schon damals kein Riesenerfolg war. Man sieht sich um und jedes einzelne Stück der Standard-Ausstattung der Halle verbindet sich mit den eigenen Schulerinnerungen. Das Gefühl, einen prallen Handball auf den Boden tippen zu lassen – als wäre es gestern gewesen. Sich rücklings mit ausgebreiteten Armen auf eine der großen, blauen Matten fallen lassen – immer noch schön, vertraut, kühl und weich. Sogar die hölzernen Tore in der Stirnwand der

Halle, hinter denen die Böcke, Kästen und Matten nach der Sportstunde in unbeleuchteten Abseiten verstaut werden, sie haben die gleichen Griffe wie damals, sie schwingen mit der gleichen Bewegung auf und den Anblick des stählernen Mattenwagens im Halbdunkel dieses Verlieses, den hätte man aus der Erinnerung heraus noch malen können. Genau so, wie er da heute noch steht, in einer anderen Stadt, in einer anderen Zeit.

Von nostalgischen Wallungen übermannt schlenderte ich durch die Halle, während Sohn I mit den anderen Kindern herumtobte. Ich blieb vor den Kletterseilen stehen, die von einem der großen Deckenbalken herabbaumelten. Die Enden in Leder gefasst, wahrscheinlich sahen die Kletterseile auch schon vor hundert Jahren genau so aus. An der Hallenwand daneben ein Zettel angenagelt, mit ungelenken Blockbuchstaben: Bitte keine Knoten machen. So ein Zettel hing bei uns damals auch. Die Seile, die waren mir in meiner Jugend immer eine Rettung, wenn es um die Sportzensur ging, da kam ich nämlich hoch wie eine Meerkatze. Ich war leicht, ich war klein, ich war dünn, das war für einen Jungen in fast jedem Lebensbereich ein gravierender Nachteil, nur an den Seilen, an den Ringen, am Reck und am Barren, da nützte es mir etwas. Ich sah zur Hallendecke, sechs Seile hingen da parallel herunter. Als Kind bin ich da unglaublich schnell ganz nach oben und dann von Seil zu Seil, das fanden die Sportlehrer in der Regel überhaupt nicht komisch. Außer mir konnte das keiner, dachte ich und hatte die Hände schon am Seil. Zwei, drei kräftige Züge, damit müsste man ja als Erwachsener schon fast oben sein, das sind ja jetzt ganz andere Größendimensionen, man hat immerhin eine ganz andere Reichweite im ausgewachsenen Arm. Ich zog mich hoch, ich schlang die

Beine um das Seil, auch das so eine Bewegung, die man anscheinend nicht verlernt, ganz als ob man sich auf ein Fahrrad schwingen würde.

Nur war das Hochziehen bestenfalls mäßig erfolgreich und nach drei, vier Zügen hing ich auf höchstens einem Drittel der Länge des Seiles. Das Seil tat in den Händen weh, meine Schultermuskeln protestierten verblüffend energisch gegen die plötzliche Beanspruchung, die mit Schreibtischarbeit so gar nichts zu tun hatte. Ich machte eine kleine Pause und sah nach unten, wo Sohn I interessiert unter mir stand und auf seinen rotgesichtigen Vater zeigte. Neben ihm standen die Herzdame und etliche andere Mütter aus dem Stadtteil, die mit milde nachsichtigem Blick beobachteten, wie ich an dem Seil knapp über ihnen herumpendelte. Ich winkte ihnen freundlich zu, wobei ich mich verbissen mit der anderen Hand festhielt. Ich sah nach oben, da lag noch ein erstaunlich weiter Weg vor mir. Ich war chancenlos. Ich ließ mich langsam wieder hinuntergleiten und sprang den letzten Meter. Ich überspielte aus Gründen der Selbstachtung, dass ich mir dabei den Fuß vertrat und schoss lässig einen Ball durch die Halle, dem der Sohn begeistert nachlief. Ich humpelte ihm nach, um das Gelächter der Damen nicht mehr hören zu müssen und spielte mit ihm Ball.

Dabei erzählte ich ihm von früher, als ich noch klein war und immer eine Eins im Sport hatte.

Zur Kulturgeschichte der Umwelt und des Spielzeugs

Als ich geboren wurde, 1966, da gab es den Begriff Umwelt noch nicht im allgemeinen Sprachgebrauch, da nannte man das noch „draußen im Garten“ oder, wenn es um mehr als die umzäunte Fläche vor dem Fenster ging, einfach „Gegend“. Als ich Kind war, konnte man draußen noch alles verplempern, versauen und verdrecken, das hat keinen interessiert, es war anscheinend von allem genug da und niemand rief zum Sparen auf. Genug Wasser, genug Luft, genug Grünzeug. Genug Sommer, genug Winter, mit heißen Tagen oder dicken Schnee-flocken. Umwelt begann für mich als Begriff erst viele Jahre später in früher Jugend am Bauzaun von Brokdorf, um meine Lieblingsveteranenphrase wieder einmal anzubringen. Ihr dürft das googeln, liebe Kinder.

Als ich Kind war, da gab es ein Spiel, bei dem man mit einer ganz kleinen Angel bunte Pappfische, Hummer, Kraken und anderes Meeresgetier aus einem Karton-Aquarium angeln konnte. Man hielt die Angel in den Karton, ohne recht sehen zu können, was man da angelte, der Karton war höher als die Augen der Kinder am Tisch. Wenn man meinte, etwas am Haken zu haben, zog man die Angel heraus und sah nach. Für die kleinen Fische gab es dann Punkte, für die großen Fische gab es natürlich mehr Punkte. Hummer und Kraken waren irgendwo dazwischen. Für alte Stiefel, die man auch angeln konnte, gab es nichts. Wer einen alten Stiefel angelte, der hatte eben Pech gehabt. Das fanden wir Kinder soweit nachvollziehbar.

Sohn I hat auch so ein Angelspiel geschenkt bekommen, wahrscheinlich sogar vom selben Hersteller wie damals, manche Sachen bleiben über die Jahrzehnte gleich. Oder fast gleich. Ich hatte damals Haken an den Angeln, an seiner Angel waren Magneten. Das machte das Spiel wesentlich einfacher, wenn auch nicht gerade lebensechter, wie mir schien. Offensichtlich traut man es dem Nachwuchs heute nicht mehr zu, ein wenig Geduld aufzubringen. Vielleicht leben wir jetzt tatsächlich schneller. Mit den Magneten war es wirklich simpel, etwas zu angeln, man musste ja nur auf das leise Klicken warten, wenn man den Magneten in den Karton hielt, das war nun wirklich keine Kunst.

Auch bei dem modernen Spiel bekam man natürlich Punkte für die kleinen Fische und wesentlich mehr Punkte für die großen Fische. Hummer und Kraken waren immer noch irgendwo dazwischen. Am meisten Punkte bekam man in der modernen Version aber für die alten Stiefel – denn alte Stiefel gehören nicht ins Meer. Der kleine Umweltengel musste für sein edles Aufräumen belohnt werden. Ich las fassungslos die Spielanleitung. Ich war drauf und dran, dem Sohn zu erklären, dass ich früher den blöden Stiefel, wenn er dummerweise an meiner Angel hing, einfach zurück ins Wasser, beziehungsweise in den Karton geworfen hatte, früher, als man noch – aber da hatte der Kleine den Stiefel schon geangelt und sorgsam mit den Worten „Wasser wieder sauber“ beiseite gelegt. Ich habe dann nichts mehr gesagt. Die Zeiten ändern sich, es hat keinen Sinn, dagegen anzugehen.

Ich bin aber gespannt, wenn Sohn I bald in das Alter für andere Spiele, etwa „Mensch ärgere dich nicht“ kommt. Ob man die Spielfiguren noch einfach wie damals rauswerfen darf – oder muss man heute wohl erst einen Sozialplan aufstellen?

Fissecken

Ich fuhr mit Sohn I durch die Stadt, denn er mag es sehr, wenn man ab und zu einfach so etwas S-Bahn fährt. Ein angenehm günstiges Kindervergnügen und man kann auch noch sitzen dabei, welcher Vater würde dazu schon nein sagen. Wir stiegen am Bahnhof Dammtor aus, weil wir aus Spaß einmal in den Bus wechseln wollten, als das Kind plötzlich mitten im Bahnhof wie angewurzelt stehenblieb, sich umsah und „Fissecken“ murmelte. Ich verstand nicht, was er mir da sagen wollte, ich wollte weiter. Wenn man über jedes undeutlich ausgesprochene Wort eines Kleinkindes lange nachdenken würde, man täte den ganzen Tag nichts anderes mehr. Ich zog am Sohn. Er stand starr, zeigte vage in eine Ecke der Bahnhofshalle und sagte wieder und wieder: „Fissecken. Will ich gucken! Jetzt!“ Ich hatte nicht die leiseste Ahnung, was Fissecken waren, wir waren mitten in der Rush-Hour und standen so dermaßen im Weg, wie es in einer Millionenstadt zur Feierabendzeit nur möglich ist. Ich hockte mich mitten im drängenden Menschenstrom vor den Sohn, dessen Unterlippe schon bedenklich bebte und fragte noch einmal nach, während tausend Menschen links und rechts an uns vorbeidrängelten.

„Fissecken“, antwortete er, mit einer steilen Falte auf der Stirn, weil sein sturer, ignoranter Vater ihn einfach nicht verstehen wollte.

„Gut“, sagte ich, „ich habe keine Ahnung, was damit gemeint ist, aber du kannst es mir ja einfach zeigen. Lauf los und zeig mal die Fissecken. Oder das Fissecken. Oder was auch immer.“ Er nahm meine Hand und ging entschlossen aus dem Bahnhof hinaus, über eine Fußgängerbrücke und an einem Kriegerdenkmal entlang. Dann sah er sich gründlich und grübelnd um, irgendetwas schien hier nicht zu stimmen. Er änderte die Richtung, wir gingen jetzt über eine riesige Kreuzung, immer hin bei Grün. Er sah links und rechts in die großen Straßen hinein, nichts. Es lief irgendwie nicht nach Plan, soviel stand fest.

„Fissecken", sagte er unwillig, „gleich hier!" Mich überkam auf einmal eine Ahnung, dass er Fischbecken meinen könnte. Wenn man Kleinkinder hat, lernt man mit der Zeit, sinnlose Worttrümmer solange in Gedanken mit Konsonanten aufzufüllen, bis etwas Passendes herauskommt. Es ist ein wenig wie beim Scrabble, wenn man lange genug auf die Buchstaben starrt, fällt einem fast immer ein Wort ein. Aber manchmal braucht man dafür leider etwas länger. Fischbecken nannte er Aquarien und er liebte Fische sehr. Ich fragte nach, er war sehr erleichtert, dass sein Vater endlich wieder guten Willen zeigte, Fischbecken, ja, Fischbecken. Immer toll, wenn Papa einmal richtig zuhört. „OK", sagte ich, „das habe ich jetzt kapiert, Fischbecken. Aber leider sind die hier gar nicht, kein Hagenbeck weit und breit, der Zoo ist doch ganz woanders."

Der Sohn sah mich an und glaubte mir sichtlich kein Wort, irgendetwas im Bahnhof vorhin musste ihn wohl baulich an das große Aquarium bei Hagenbeck erinnert haben, er war sich ganz sicher, dass es hier irgendwo sein musste, vielleicht schon hinter der nächsten Ecke da vorne, oder hinter der übernächsten oder doch hinter der da vorne links. Der Orientierungssinn von Kleinkindern ist ausgesprochen schwach, von Entfernungen haben sie in der Regel eher abwegige Vorstellungen. Er zog mich auf wirrer Route durch die halbe Innenstadt. Ich hatte Zeit, es war ein freier Tag. Ich ließ ihn machen, ich dachte, es ist vielleicht auch richtig so, dann kommt er eben irgendwann von selbst drauf, dass er sich getäuscht hat, das ist dann bestimmt wieder pädagogisch wahnsinnig wertvoll. Ab und zu erwähnte ich, dass er wirklich und ganz ehrlich falsch lag, es interessierte ihn nicht. Er zog weiter, immer auf der Spur der Fissecken. Verblüffend, wie weit ein kurzbeiniges Kind gehen kann, wenn es ein attraktives Ziel in Reichweite vermutet. Als er schließlich doch erschöpft resignierte und an einer Ampel mit den Schultern zuckte und ratlos stehenblieb, schlug ich vor, mit dem Bus nach Hause zu fahren. Wir könnten ja demnächst mal wieder zu Hagenbeck ins Aquarium gehen, an einem Wochenende vielleicht.

„Bald?" fragte der Kleine besorgt. „Bald", sage ich, „ganz bald." „Bus", sagte er schließlich und ließ sich willig zur Haltestelle führen. Schön, dachte ich, das war doch jetzt bestimmt besser, als sich einfach durchzusetzen und ein schreiendes Kind hinter sich her durch die Stadt zu schleifen. Was war ich wieder verständnisvoll, es musste wirklich toll sein, so einen Vater wie mich zu haben.

Wir gingen zur Bushaltestelle. An dem Haus hinter der Station hing ein riesiges Werbeposter. Der Sohn blieb abrupt stehen, zeigte mit dem Finger und klappte den Mund auf, aus dem aber vor Überraschung keine Töne kamen. Auf dem Werbeposter sah man große Fischbecken, wollte sagen Aquarien, es war eine Werbung für Hagenbecks Tierpark, mit Bildern von Haien und bunten Zierfischen, Seepferdchen und Quallen. Es sah auf den ersten Blick ganz so aus, als wäre das Aquarium in dem Gebäude, an dem die Werbung hing, kein Wunder, dass der Sohn so entgeistert war. Er sah das Bild an, dann sah er mich an. „Nein, nein", sagte ich schnell und nachdrücklich, „da ist nicht Hagenbeck, das ist nur Werbung dafür." Er sah sich noch einmal das Bild an, er sagte „Fisse", er guckte jetzt, wie man nicht übersehen konnte, schwer verärgert. Natürlich weiß ein Kind in dem Alter noch nicht, was Werbung ist. Das Bild hing an einem öffentlichen Gebäude, da waren nur Beamte drin, die im weitesten Sinne vielleicht unter Schwarmfisch fallen, aber sie waren definitiv nicht das, was der Sohn erwartete. Die Tür war leider schon zu, ich konnte ihm nicht beweisen, dass da gar keine Fische drin waren, obwohl das jetzt die einzig rettende Maßnahme gewesen wäre. Der Sohn guckte mich an, dann guckte er wieder das Poster an. Er guckte sehr, sehr skeptisch, sein Kinn schob sich Millimeter für Millimeter nach vorne. Ich sah den Bus kommen. Wir konnten jetzt nach Hause fahren oder noch stundenlang eine vollkommen sinnlose Diskussion führen. Es war Zeit, eine einsame väterliche Entscheidung zu treffen.

Wenn Sie sich fragen, warum Kleinkinder manchmal im Bus wütend herumheulen – die Gründe sind eventuell wesentlich komplexer als man denkt.

Singt die Amsel für mich?

Ein sonniger Sommerabend. Sohn I saß im Bett und umklammerte seine Knie. Es war schon sehr spät und er sollte längst schlafen, aber ein Gedanke hielt ihn noch auf. Er lauschte angestrengt und sah aus dem Fenster, vor dem man den Treppengiebel des Nachbarhauses in der Dämmerung gerade noch erkennen konnte. Dann dachte er lange nach und fragte mich schließlich: „Papa, singt die Amsel für mich?“

Das klingt vielleicht zunächst einmal nur ganz niedlich, das war aber natürlich viel mehr. Diese Frage schloss immerhin die unfassbare Option ein, dass die Amsel tatsächlich gar nicht für ihn sang und er somit gar nicht der Mittelpunkt des Universums war und da draußen Dinge passieren konnten, die überhaupt keinen Bezug zu ihm hatten. Das war für einen nicht einmal Dreijährigen eine große Leistung. Das war eine ernsthafte Grundsatzfrage nach Bedeutung und Zusammenhang. Das war auch eine sehr abstrakte Frage, gestellt nach einem vorhergehenden tiefschürfenden Grübeln, wie es wohl nur dem Menschen mit seinem seltsam überzüchteten Gehirn eigen ist. In Alltagsdingen und motorischer Geschicklichkeit kann es angeblich noch jeder vierjährige Gorilla leicht mit einem gleichaltrigen Menschen aufnehmen, bei solchen Fragen aber trennen sich vermutlich doch schon früher die Geister.

„Singt die Amsel für mich“, als Frage eines Menschenkindes, das ist wohl tatsächlich nichts weniger als der Anfang aller Geisteswissenschaften. Würde unsere gesamte Kultur morgen über den Jordan gehen, die Menschheit würde wieder und wieder eine neue entwickeln – man hört es schon an dieser einen Frage.

Wie dem Ich hier in einem Satz eine schwankende Bedeutung verliehen wird, die zu diskutieren ist, die man bejahen oder verneinen kann, wie der Bezug zu allem, was Nichtmensch ist, in Frage gestellt wird – ist das nicht herrlich? Noch bevor er zählen kann, noch bevor er eine Geschichte erzählen kann, bevor er die Sprache auch nur halbwegs richtig beherrscht, und noch bevor er auch nur ansatzweise einen Begriff von der Welt hat – noch vor all diesem ist der Mensch schon in Ansätzen ein Philosoph. Wunderbar. Wie gut man sich den Weg des denkenden Menschen vorstellen kann, von dieser einen beispielhaften Frage bis hin zu einem ausgewogenen Weltbild. Über Jahrzehnte des Lernens und der langsam reifenden Erkenntnis, über zahllose Fragen, Zweifel und Ideen, über Nihilismus, Gott und die Weltseele hin zu der mühsam errungenen persönlichen Wahrheit des älteren Menschen.

Ich fand die Frage wirklich beeindruckend. Und natürlich habe ich seine Frage bejaht, das versteht sich bestimmt von selbst, das wird sich jeder bereits gedacht haben. Wer würde einem Kind von noch nicht einmal drei Jahren hier ein Nein zumuten wollen? Ein resignatives, kaltes und sehr erwachsenes Nein, das typische Nein des erfahrenen Menschen, der alle Illusionen verloren hat. Das Nein des logisch denkenden Menschen, des Wissenschaftlers, der keinen Zauber mehr in der Welt vermutet – wer würde so etwas an sein Kind weitergeben wollen. Ich musste seine Frage selbstverständlich bejahen.

Obwohl die Amsel doch eigentlich für mich singt.

Theorie und Praxis

„Der Sinn der Aufsichtspflicht besteht – ganz vereinfacht gesagt – darin, dass der anvertraute Minderjährige nicht zu Schaden kommt und auch selbst keinen Schaden anrichtet.“ (Aus einem Ratgeber für Erziehende)

Ich saß zu Hause am Schreibtisch und arbeitete. Damit mich dabei weder Telefon noch Lärm von draußen ablenken konnten, hörte ich Instrumentalmusik über Kopfhörer. Seichtes Geklimper, das meine Gedanken nicht störte. Die Herzdame war mit den Söhnen auf dem Spielplatz, eine gute Gelegenheit, um einmal, wenigstens einmal, wirklich etwas zu schaffen. Ich tippte konzentriert und schnell, die Zeit war knapp. Nur eine einzige Stunde, dann würde die Wohnung schon wieder voller Kinderlärm sein, die Herzdame würde mit mir irgendetwas besprechen wollen, die Kleinen würden spielen wollen, Dinge würden auf den Fußboden knallen, Getränke würden verspritzt werden, Bananen geworfen – ich musste die Zeit wirklich gut einteilen und nutzen. Ich starrte auf den Bildschirm und arbeitete verbissen. Plötzlich hörte ich in der Musik einen durchdringenden Ton, wieder und wieder. Einen Ton, der mir sehr falsch vorkam und der da früher nicht war. Ich nahm die Kopfhörer ab und merkte, dass jemand Sturm klingelte. Kaum hat man einmal seine Ruhe, schon klingeln Irre an der Tür, das war wieder typisch. Leider ist die Klingel an unserer Haustür so unfassbar laut, dass man sie nicht auf Dauer ignorieren kann, und dummerweise kann man sie auch nicht abstellen. Ich machte die Tür auf. Davor stand die sechsjährige Tochter unserer Nachbarin und sagte anklagend: „Du gehst nicht ans Telefon."

Sie sah mich an und guckte böse. Nicht ans Telefon zu gehen, war in ihren Augen offensichtlich eine ungeheuerliche Untat.

„Nein", sagte ich, „ich habe das Telefon gar nicht gehört, ich hatte Kopfhörer auf. Musik gehört. Ich wollte in Ruhe arbeiten. Genau genommen muss ich in Ruhe arbeiten. Unbedingt. Jetzt. Was kann ich denn für dich tun?"

„Du gehst nicht ans Telefon", sagte sie noch einmal und guckte bemerkenswert streng, „aber du bist zu Hause. Hab ich gesehen. Die Balkontür ist auf. Die ist nicht auf, wenn ihr weg seid."

„Ja“, sagte ich, „das stimmt.“ Die Kleine ging durch die Wohnung und sah sich genau um. „Ich dachte, ich sehe mal lieber nach, ob auch alles in Ordnung ist“, sagte sie, während sie vom Wohnzimmer zur Küche ging. Ihre kleine Hand fuhr über die Sofakante, die Geste erinnerte mich ein wenig an die Stubeninspektion, damals bei der Bundeswehr. „Alles in Ordnung hier“, sagte ich, „möchtest du vielleicht etwas trinken? Möchtest du auf den Rest der Familie warten und mit den Jungs spielen? Du könntest dich solange ins Wohnzimmer setzen und was lesen.“

„Nein“, sagte sie, „ich gehe gleich wieder. Ist alles gut. Glaube ich. Aber kann man ja sonst auch nicht wissen.“

Sie besah sich nachdenklich den Herd und kontrollierte, ob die Platten auch alle aus waren. Sie besah sich den Kühlschrank, warf einen Blick hinein, dann macht sie noch einen Abstecher ins Schlafzimmer und ins Bad und nickte, da anscheinend alles zu ihrer Zufriedenheit aussah. „Gut“, sagte sie und rückte im Vorbeigehen mit ordnender Hand meinen Bürostuhl gerade, „ich gehe dann jetzt mal wieder. Arbeite nicht zuviel.“ Damit zog sie die Tür hinter sich zu und ging hopsend und singend durchs Treppenhaus.

Und ich hatte immer gedacht, ich könnte ihr in vielen Jahren einmal erzählen, dass ich früher, als sie noch ganz klein war, des Öfteren auf sie aufgepasst habe.

Meereskunde

Wenn man in Hamburg wohnt, ist es natürlich naheliegend, mal eben ans Meer zu fahren. Damit es hier in Familien, Beziehungen und Freundschaften immer einen verlässlichen Grund zum Streiten gibt, kann man aber gleich zwei Meere von Hamburg aus gut erreichen und muss sich entscheiden, ob man an die ach so wilde Nordsee oder doch lieber an die ach so brave Ostsee fahren möchte. Die Anhänger der beiden Meere stehen sich unversöhnlich gegenüber, eine Ehe ist bei uns im Norden immer auch ein Kampf um die Himmelsrichtung bei Ausflügen. Wenn sich junge Hamburger kennenlernen, kommt unweigerlich der Tag, an dem sie zum ersten Mal gemeinsam ans Meer fahren wollen und daher eine heikle Entscheidung treffen müssen. Beziehungen, die diesen Tag überleben, halten in der Regel lebenslang.

Bevor ich selbst Kinder hatte, habe ich nie darüber nachgedacht, was aus einem Norddeutschen eigentlich einen Ostsee- oder Nordseeanhänger macht. Das hat sich natürlich geändert, als der erste Sohn das Wort Meer aussprechen konnte und die Herzdame begeistert sagte: „Hör mal, er sagt Meer. Komm, wir fahren mal eben an die Nordsee."

Wir kurvten an einem Sonntag durch die Wildnis bei Westerhever auf der Halbinsel Eiderstedt an der Nordsee. Hier war ringsum gar nichts, außer Weiden mit Schafen und Kühen. Hin und wieder ein einsames Reetdachhäuschen, das sich windschief hinter Hecken duckte und vom Auto aus kaum zu erkennen war. Der Regen prasselte auf die Scheiben des Autos, der Wind heulte lärmend durch den Schiebedachspalt, es war ungewöhnlich dunkel für einen späten Vormittag. Die wenigen Büsche da draußen lagen schräg im Wind. Blätter trieben wie im späten Oktober landeinwärts, obwohl es ein Tag mitten im Frühling war. Wir hielten direkt am Deich, kein Auto weit und breit, ein großer Parkplatz ganz für uns alleine. Neben uns weiße Markierungen auf dem Boden, Haltebuchten für Reisebusse, die später im Sommer kommen würden. Nur Verrückte fahren jetzt hierher, dachte ich. Nur Verrückte und ich. Aber ich, ich hatte einen Plan.

Ich drückte die Tür mühsam gegen den Wind auf, zog mir meine dicke Outdoorjacke an und schnallte Sohn I vom Kindersitz. Ich sagte ihm, dass ich ihm das Meer zeigen wollte, das hatte er ja schließlich bestellt. Er sah mich an, als hätte ich nicht mehr alle beisammen.

„Meer!“ sagte ich, „schön, endlich am Meer!“ Ich zerrte das Kind aus dem Auto und zog ihm alles an, was im Auto herumlag und irgendwie nach Kleidung aussah. Das war nicht eben wenig, die Herzdame hatte uns eine Menge eingepackt. Das Kind sah nach einer Weile aus wie ein wandelnder Daunenschlafsack für Gnome, ich war währenddessen schon klitschnass geregnet, Regenjacke hin oder her. Ich führte das tapsende Kleiderbündel zum Deich, wir gingen gegen den Sturm die ausgetretenen Holztreppen hoch. Hinter dem Deich, brüllte ich gegen den tosenden Wind, hinter dem Deich ist das Meer. Der Strand! Wie im Bilderbuch! Der Sohn sagte nichts, er krümmte sich unter dem Wind weg. Wir standen endlich auf der Deichkrone, der Wind war jetzt wirklich unfassbar kalt für Mai, es fühlte sich an, als würde er direkt vom Nordpol kommen. Vor uns etwas blasses Gras, dahinter sehr viel dunkler Schlick in unerfreulichem Grau. Ganz weit draußen ein schmaler, dunkler Streifen, das war die Nordsee. Das Meer war natürlich nicht da, Mitte der Ebbe, die Nordsee ist nie da, wenn ich sie besuche, ich kann mich voll und ganz darauf verlassen. Wir starrten einen Augenblick auf den grauen Streifen, dann tränten uns schon die Augen. „Nordseestrand!“ brüllte ich gegen den Wind, zeigte auf den Horizont und wiederholte sicherheitshalber noch einmal:

„Nordseestrand!“ Der Sohn nickte zitternd, ihm schien sehr kalt zu sein. Ich trug ihn schnell zurück zum Auto.

Kaum vierzehn Tage später, als es endlich wieder wärmer wurde, fuhr ich mit ihm mal eben an die Ostsee. Ich zeigte ihm fröhliche Menschen in Strandkörben und Kinder, die an der Brandungslinie Burgen bauten. Ich suchte mit ihm ein paar Muscheln und gab ihm ein Eis aus. Wir sahen gemeinsam auf die blauschimmernde Ostsee, die mit beschaulichen Wellen vor unseren Füßen herumspielte und mit Muschelschalen klimperte. Weiter draußen zogen hübsche weiße Fährschiffe vorbei, dicht am Strand übten Surfer das Halten der bunten Segel, Tretboote mit Liebespaaren darin dümpelten in der Brandung.

„Ostseestrand!“ sagte ich und zeigte dann auf das blaue Meer, „Ostseestrand!“ Der Sohn sah mich an, guckte wieder auf die See - und verstand. Nichts gegen die Nordsee, aber ich komme nun einmal von der Ostsee.

Konzentration

Eine Kollegin fragte mich, ob sie einen Tag lang mit in meinem Büro sitzen durfte. Meine Firma ist an mehreren Standorten, da kommt es schon einmal vor, dass man durchreisenden Betriebsnomaden einen Tag lang Asyl gibt. Die Kollegin stand mit ihrer Notebooktasche vor mir und sah mich fragend an. Klar doch, gar kein Problem, antwortete ich und tippte weiter. Sie legte ihr Gepäck auf den freien Schreibtisch neben meinem und sagte, sie müsse aber vielleicht ab und zu mal telefonieren, ob mich das dann nicht vielleicht stören würde.

Ich sah kurz hoch und sagte ihr, dass mich so leicht gar nichts stören könne.

Sie packte ihr Notebook aus und sagte, sie würde dann auch ganz besonders leise sprechen. Ich sagte, mich könne wirklich so leicht nichts stören. Sie sagte, sie wäre auch schon früh wieder weg und würde, wenn überhaupt, dann wirklich nur ganz, ganz kurz telefonieren.

Ich sagte ihr, sie könne meinetwegen auch stundenlang herumschreien, sich strampelnd auf den Boden werfen und gegen meinen Stuhl treten, das sei mir ziemlich egal. Sie könne auch seltsame Musik mit debilen Refrains hören, Spuckebläschen machen, mit ihren Strümpfen werfen oder einnässen, alles direkt neben mir, das würde ich gar nicht mitkriegen, bei konzentrierter Arbeit. Ich nickte ihr aufmunternd zu. Die Kollegin sah mich seltsam an und sagte, dass vielleicht ja auch noch andere Büros im Haus frei seien.

Ich habe manchmal den leisen Verdacht, dass die besonderen mentalen Fähigkeiten von Eltern gerade im beruflichen Umfeld nicht von allen richtig gewürdigt werden.

Kommunikation

Sohn II krabbelte zu meinem Schreibtisch und biss mich ins Bein. Dezenz war ihm von Anfang an generell eher fremd. Nachdem er meine volle Aufmerksamkeit hatte, sagt er nachdrücklich: „Öchzrobborobbowammahaps." Und guckte mich erwartungsvoll an. Ich guckte ratlos zurück. Keine Ahnung, was das Kind meinte, bei Säuglingen ist es schwer bis unmöglich zu raten, was diese Laute bedeuten könnten. In der Regel bezogen sich alle seine Äußerungen auf den Wunsch nach Essen, mehr Essen und noch mehr Essen, aber es konnte womöglich auch bei ihm einmal Ausnahmen geben. Sohn II sah weiter zu mir hoch und wartete anscheinend auf etwas.

Ich hatte eine Eingebung und rief Sohn I, der ein paar Meter weiter mit Lego spielte, und fragte ihn, ob er eigentlich seinen kleinen Bruder verstehe. Ja, sagte er ohne auch nur hochzusehen und nickte, als wäre das ganz selbstverständlich, natürlich verstehe er ihn.

„Toll", sagte ich, „du weißt tatsächlich immer, was er meint?" Er nickte wieder und stöpselte weiter Stein auf Stein. Er baute gerade einen wichtigen Turm und ließ sich nur ungern stören. Eigentlich auch ein ganz naheliegender Gedanke, dass ein Kleinkind ein Baby viel besser versteht als wir Erwachsenen, es ist einfach näher dran, es war vor ganz kurzer Zeit schließlich selbst noch ein Krabbelkind. Vielleicht sollte man Kleinkinder, die gerade eben sprechen können, als Dolmetscher für Babys einsetzen. Ich fragte mich, ob ich nicht gerade eine revolutionär wichtige Idee für die Kinderpsychologie gehabt hatte und sah mich schon als Vortragsreisenden. Ausverkaufte Auditorien, Herr Buddenbohm vorne mit einem Laserpointer, wie er routiniert kleine Filmchen kommentiert, auf denen seine beiden Söhne miteinander spielen. Der größere Sohn erklärt gelegentlich in die Kamera, was gerade in dem kleineren Sohn vorgeht. Der kleine Sohn murmelt etwas komplett unverständliches, der Große sagt: „Er möchte Müsli, aber ohne Rosinen." Staunen im Publikum, wissendes Lächeln des Vortragenden, auf der Leinwand sieht man, wie Sohn II begeistert das Müsli in den Mund schaufelt. Im Grunde war die Idee wirklich so dermaßen naheliegend – wieso gab es nicht längst Literatur dazu? Wieso mühten sich so viele Eltern, den Babys eine seltsame Handzeichensprache beizubringen, wenn man sie doch viel einfacher verstehen konnte? Jeder hat eine Chance auf Ruhm, heißt es. Ich war anscheinend ganz dicht vor meiner wichtigsten Entdeckung.

„Also“, sagte ich erwartungsvoll, „was hat der Kleine denn eben gerade gesagt?“

„Öchzrobborobbowammahaps“, sagte der große Bruder mit einem etwas herablassenden Gesichtsausdruck. Er hatte kein Verständnis für Erwachsene, die sich so einfache Fragen nicht selbst beantworten konnten. Dann drehte er sich wieder sehr beschäftigt zu seinen Legobausteinen um. Menschen im Baugeschäft haben bekanntlich wenig Zeit.

Das ganz grosse Glück

Wir waren in einem Freizeitpark, der sich speziell an eher kleinere Kinder richtet. Der größte Spielplatz, den die Kinder je gesehen hatten, mit zahllosen Angeboten speziell für die untere Altersgruppe, man hätte tatsächlich Tage darin verbringen können. Ein Spielplatz, der einfach kein Ende nahm. Einige der ältesten Attraktionen waren noch im Design der Siebziger Jahre, wie damals in meiner Kindheit. Grellbunt lackierte Stahlrohre, die sich zu einem Klettergestell bogen – dieses satte Gelb, dieses Feuerwehrrot, dieses leuchtende Himmelblau, mir wurde ganz nostalgisch zumute. Nur dass auf unserem Spielplatz damals natürlich nur ein sehr kleines Klettergestell, eine rostige Rutsche und ein ewig quietschendes Karussell gestanden hatten, mehr nicht. Hier dagegen stand alles. Alles, was einem als Spielplatzmöbel irgendwie einfallen konnte.

Achterbahnen für sehr kleine Menschen, überdimensionierte Superschaukeln und Geräte, die wie Miniaturausgaben der Attraktionen aussahen, die man von den ganz großen Jahrmärkten wie dem Hamburger Dom kennt. Die Beschallung setzte aber nicht auf die neuesten Kracher aus den Charts, sondern auf Kinderlieder und jene CDs, die alle Eltern von zuhause kannten und reflexmäßig mitsingen konnten. Große Stoffbären wanderten durch den Park und ließen sich von glücklichen Kindern drücken, während die Eltern den schwitzenden Studenten unter dem Plastikplüschfell mitleidige Blicke durch das weit geöffnete Bärenmaul zuwarfen. Ein Bummelzug, der wie eine alte Dampflok aussah, aber natürlich keine war, fuhr langsam über das Gelände. Ein Disneyland für kleine Anfänger.

Es gab auch diese strombetriebenen kleinen Bagger, in die man normalerweise einen Euro einwirft und bei denen man dann mit vier Hebeln einen Greifarm bedienen kann, fast wie bei einem richtigen Bagger. Diese Bagger, von denen man seine Kinder immer schnell wegzieht, weil es auf die Dauer doch ein teurer Spaß ist und vor allem endlos dauert. Sie waren in diesem Park im Eintritt mit drin, man konnte – vollkommen unfassbar! – tatsächlich baggern, solange man nur wollte.

„Na", sagte ich und zeigte einladend auf ein freies Gerät, „dann mal los."

Ein ungläubiger Blick auf den Bagger, ein fragender Blick zu mir – ich nickte beruhigend, nein, mein Herz, es kostet wirklich nichts, bagger mal ruhig. Das Hinsetzen auf den Plastikhocker vor dem Gerät war noch etwas zögerlich, der Griff an das Armaturenbrett schon etwas beherzter. Dieses berauschte Grinsen beim ersten Ziehen an den Hebeln! Diese Konzentration auf die Mechanik, dieser unbedingte Wille, den großen Sandhaufen von links nach rechts zu bewegen, dann wieder zurück und dann ein Stück weiter nach vorne – man muss es gesehen haben. Dieses ekstatische Grinsen, wenn eine Greifbewegung mit der großen Schaufel besonders gelungen ausgeführt wurde, diese Anspannung im ganzen Körper, wenn der Arm besonders trickreich gesteuert werden musste, dieser vollkommen versunkene Blick, dem man ansah, dass es in diesem Menschen überhaupt kein Zeitgefühl mehr gab – man muss wohl tatsächlich dabei gewesen sein, um sich dieses Glück vorstellen zu können.

Man würde sonst einfach nicht glauben, wie lange eine erwachsene Frau auf einem Spielzeugbagger sitzen kann. Und hätte Sohn I nicht irgendwann beleidigt gegen die Maschine getreten, weil er endlich auch einmal wollte, die Herzdame würde da vielleicht immer noch sitzen und immer weiter und weiter baggern.

Post aus dem Urlaub

Die Familienkarawane zog schwer bepackt vom Hotel zum Mittelmeerstrand, da blieb die Herzdame plötzlich stehen und sagte: „Postkarten!"

„Ja", sagte ich, „gibt es hier überall, ich weiß auch nicht warum, ganz seltsam." Die Herzdame hob einen Finger und sagte: „Wir müssen Postkarten schreiben. Sofort."

„Wieso“, sagte ich, „ wir können doch auch eine Mail schreiben, wenn was ist. Im Hotel stehen PCs in der Halle. Man kann damit online gehen, kostet nicht viel. Aber es ist ja auch gar nichts. Ein ganz normaler Urlaub soweit.“

Die Herzdame ignorierte mich souverän und steuerte einen Strandkiosk an, vor dem Drehständer mit Postkarten standen. Sehr viele Drehständer. Sie fing an, in den Karten zu blättern und murmelte: „Also die Omas, die Patentanten, die Erzieherinnen in der Kita, die Mütter aus der Krabbelgruppe ...“ Ich unterbrach sie, um zu retten, was noch zu retten war, und wies sie freundlich aber bestimmt darauf hin, dass ich keine Karte zu schreiben gedachte – keine einzige. Nicht eine Zeile. Kein Wort. Die Herzdame sagte wieso, ich würde doch auch sonst immer schreiben. Ich unterbrach sie triumphierend und sagte: „Ha! Das ist genau der Dialog! Den haben wir schon hundertfach geführt, der kommt sogar im Buch vor! In meinem ersten Buch!“ Die Herzdame erklärte betont ruhig, dass sie das Buch nie gelesen habe und daher nicht wissen könne, was sie alles angeblich schon einmal zu mir gesagt haben solle. Ich sagte, ich hätte da einen längeren Text über meine Aversion gegen Grußkarten und Grußworte geschrieben und überhaupt, es wäre ja wohl übrigens eine unfassbare Zumutung, dass ausgerechnet die eigene Frau meine Bücher nicht lesen würde, zumal es ein Buch über unsere Familie war. Sie sagte, sie würde es jederzeit mit großem Interesse lesen, wenn ich ihr endlich ein Exemplar mit persönlicher, handschriftlicher und kreativer Widmung schenken würde. Ich sagte „keine Grußworte!“, sie sagte „tja“.

Sie blätterte weiter in den Postkarten und sagte dann wieder, dass ich in dieser Beziehung nun einmal für das Schreiben zuständig sei. Ich drehte mich um, sagte „keine

Grußworte!“ und sah mir in aller Ruhe den Strand an. Essentiell wichtige Botschaften, dachte ich, kann man oft auf zwei Wörter reduzieren. AKW nee! Keine Experimente! No pasarán! Keine Grußworte! Schön eingängig. Die Herzdame rüttelte nach einer Weile an meinem Arm und hielt mir einen dicken Packen mit Karten hin: „Einen Kuli wirst du ja haben, so als Dichter.“ Ich nahm die Karten und sortierte sie wortlos in die Ständer zurück. Die Herzdame sah plötzlich gefährlich unfroh aus. Um konstruktiv zu bleiben schlug ich vor, Sohn I die Karten schreiben zu lassen. Ich schlug weiter vor, das kluge Kind zu bitten, jeder Person ein Bild zu malen, das wäre doch sowieso eine gute Idee für eine Strandbeschäftigung, damit könnten wir uns stundenlang beschäftigen, ohne uns nass oder sandig machen zu müssen, das würde gleich etliche Probleme eines Urlaubstages auf einmal lösen. Und weil es für Kinder gut ist, sich frühzeitig aktiv in das Familienleben einbringen zu können, könnte er doch auch gleich die Karten aussuchen, immerhin sollten sie ja von ihm sein. Auch an Urlaubstagen am Strand kann man pädagogisch wertvolle Szenarien konstruieren, wenn man nur guten Willens ist.

„Sohn“, sagte ich und sah ihn mit feierlichem Ernst an, „such doch mal ein paar von diesen tollen Karten aus, wir wollen den Lieben zu Hause gerne Mallorca-Bildchen schicken, und du kannst uns jetzt dabei helfen. Welche Karten gefallen dir denn so? Hm?“

Der Sohn nickte begeistert, ging mit Feuereifer zu den Ständern und betrachtet die Karten ganz genau, er neigt nicht dazu, so etwas auf die leichte Schulter zu nehmen. Er fing bei dem Ständer ganz außen an und arbeitete sich systematisch durch die ganze Reihe durch. Ich stritt mich derweil mit der Herzdame über Postleitzahlen. Sie war der

Ansicht, man müsse die Postleitzahlen der nahestehenden Menschen auswendig wissen. Ich war der Ansicht, keinen Platz im Hirn für so einen idiotischen Ballast zu haben, den man an jedem Computer nachschlagen könne, mit dem man dann übrigens, wenn man schon einmal daran sitzen würde, auch gleich eine Mail schreiben könne, das sei ja ohnehin viel einfacher.

Der Sohn zog, noch währen wir debattierten, an meiner Hose und hielt mir einen dicken Packen Karten hin. „Gut", sagte ich, „wir zahlen die Dinger jetzt und los geht's. Du schreibst die Adressen, er malt ein Bild, ich werfe sie ein. Und der Jüngste guckt zu und klatscht oder was weiß ich. Im Urlaub alles zusammen und so. Super Sache, das ist wieder ein richtiges Familiending hier."

Die Herzdame sah die Karten durch, schüttelte den Kopf und sagte nein, das ginge so nicht. Ich riss ihr die Karten kurzentschlossen aus der Hand, ging zum Kiosk und bezahlte den ganzen Schwung ohne weitere Diskussion, denn manchmal muss man einfach der durchsetzungsfähige Familienvorstand sein, Tatsachen schaffen und Dinge regeln, manchmal ist es gut, einfach durchzuregieren, sonst passiert nie etwas. Ich ging zur Herzdame zurück und sagte: „So. Schluss mit lustig, das wäre fertig. Ich stehe hier doch nicht den ganzen Tag vor dem blöden Kiosk und gucke mir Karten an."

Die Herzdame fragte, ob ich mir die Auswahl des Sohnes angesehen hätte, ich sage ihr, dass Mallorcabildchen sowieso eines wie das andere aussähen und überhaupt, wen interessierten schon Postkartenmotive, als ob die jemals jemand zur Kenntnis nehmen würde.

Die Herzdame lächelte seltsam, schüttelte den Kopf und ging vor, zum Strand. Der Sohn guckte mich fragend an, ich erklärte ihm, dass seine Mutter manchmal nicht nachvollziehbar detailverliebt sei und seine bestimmt tolle Postkartenauswahl gerne noch einmal revidiert hätte. „Hab ich schöne Bilder ausgesucht“, sagte der Sohn. Ich tätschelte seinen Kopf und sagte „aber ja, das hast du ganz sicher.“ Dann habe ich mir die Karten angesehen und nichts mehr gesagt.

Unsere Verwandten erhielten nach ein paar Tagen Postkarten, auf deren Vorderseite ein Pitbull an einer barbusigen Schönheit herumschlabberte, wozu in Sprechblasen sexistische Witze von der Art zitiert wurden, wie sie nur jemand in der alleruntersten britischen Unterschicht witzig finden kann, wenn überhaupt. Auf der Rückseite fand sich jeweils nichts als ein blasser Buntstiftstrich, denn der Sohn hatte beim Malen gerade eine minimalistische Phase und weigerte sich kategorisch, mehr als nur eine Linie aufs Papier zu bringen.

Aber die Herzdame hat in Schönschrift Adressen eingetragen, Sohn II hat interessiert zugesehen, aufmunternd geklatscht und ich habe die Postkarten wie beschlossen allesamt schwungvoll eingeworfen. Man muss den Kindern immer konsequentes Verhalten vorleben, das ist sehr wichtig in der Erziehung.

Hygiene für Anfänger

Der Strand war riesig, breit und sandig. Hinten das Meer und weiße Segel, vorne eine Bude, an der Eis verkauft wurde. Wenn man vom Meer zur Bude rannte, denn als Kind rennt man ja grundsätzlich, kam man an Fußduschen vorbei, seltsamen kleinen Dingern, aus denen Wasser spritze. Die Erwachsenen ließen es, wenn sie vom Strand zurück zum Hotel gingen, über die Füße laufen, bis der ganze Sand weg war, dann erst stiegen sie in ihre Sandalen und zogen weiter, zum mallorquinischen All-inclusive-Abendessen.

Sohn I, der sich gerade in einer besonders lernwilligen Phase befand und außerdem eine von der Herzdame vererbte Aversion gegen Sand am Körper hat, sah den Menschen interessiert zu, die sich da abspülten. Dann ging er selbst zur Fußdusche, drückte probeweise auf den Knopf und besah sich sinnend den Wasserstrahl. Er hielt vorsichtig einen Fuß darunter und strahlte dann begeistert, als dieser nach einer Weile ganz sauber war. Er stellte den Fuß ab und hielt den zweiten unter den Strahl, Begeisterung im Blick. Sah an sich herunter und stellte fest, dass am ersten Fuß nun wieder Sand haftete, denn er hatte ihn ja auf den Boden gestellt – und der Boden war nun einmal Strand. Sandalen hatte er nicht dabei, Sandalen lehnte er kategorisch ab. Also nahm er den Fuß noch einmal hoch, spülte wieder sorgfältig, auch mit verbissener Mühe und etwas seltsamen Verrenkungen zwischen den Zehen, stellte sich danach mit rotem Kopf erleichtert aufrecht hin und sah hoffnungsvoll zum Eisstand. Wackelte mit den Zehen und musste zur Kenntnis nehmen, dass diese wieder im Sand vergraben waren. Also drückte er noch einmal auf den Knopf und spülte, bis der ganze Sand verschwunden war. Dann stellte er sich auf den Sand, dann spülte er, dann stellte er sich auf den Sand, dann spülte er, dann stellte er sich auf den Sand …

„Guck mal wie süß“, sagte ich zur Herzdame, als ich schließlich losging, um das Kind zu erlösen, „er bastelt sich seine erste Zwangsneurose.“ Die Herzdame sagte, nein, das sei ja Unsinn, und wo er das denn wohl her haben könne. Dann sah sie zum zehnten Mal nach, ob auch wirklich kein Sandkörnchen mehr an ihren Füßen haftete und ging sehr vorsichtig auf Zehenspitzen weiter zum Eisstand.

Und hätte ich mir den Sohn nicht irgendwann kurz vor Sonnenuntergang einfach unter den Arm geklemmt und trotz vehementer Proteste – „bin ich da ganz sandig!“ – ins Hotel getragen, wahrscheinlich würde irgendwo an einem Strand von Mallorca ein kleiner Junge immer noch an einer Fußdusche stehen und wie ein nimmermüdes Duracell-Häschen irrsinnig beschäftigt wirken.

Notiz am Morgen

Natürlich macht man nicht ohne Folgen Urlaub mit seinen Kindern. All die neuen Eindrücke, das ganze neue Erleben, der auf den Kopf gestellte Alltag, das fordert die Kleinen gewaltig heraus und nicht wenigen Eltern geht es so, dass sie kurz nach dem Urlaub Veränderungen an ihrem Kind feststellen, die scheinbar über Nacht aufgetreten sind. Das Kind wird durch Reisen schlagartig älter. Es spricht anders, es bewegt sich anders, es versteht soziale Zusammenhänge vielleicht etwas besser, es verhält sich im Familienverbund anders als vorher. Während die Erwachsenen sich stöhnend zurück in den vertrauten Alltag und die gewohnten Rituale fallen lassen, fängt das Kind etwas an, mit seinen neuen Erfahrungen. Es entwickelt sich.

Ob man die neuen postferialen Verhaltensmuster dann aber auch gut finden kann, das ist natürlich eine ganz andere Frage. Je nachdem, mit welcher Altersgruppe das Kind im Urlaub gespielt hat, wird es vielleicht im Verhalten auch älter, als es einem lieb sein kann.

Sohn I richtete sich an einem Morgen kurz nach der Mallorcareise missmutig stöhnend im Bett auf und rieb sich die Augen. Dann murmelte er „Musik" und suchte nach seinen tragbaren Kinder-CD-Player. Er legte die CD mit den spanischen Partykrachern aus dem Urlaub ein und spielte sie auf voller Lautstärke ab. Die volle Lautstärke unterschied sich nicht sehr von der eines Gerätes für Erwachsene. Dabei wurde er allmählich wacher, sein Kopf wackelte rhythmisch hin und her und bei den Refrains ging gelegentlich sogar ein Arm hoch, den wippenden Zeigefinger steil zur Decke gereckt. Ich ging ins Kinderzimmer, drehte die unerträgliche Musik leiser, wies auf die noch schlafenden Nachbarn hin und zog weiter ins Bad. Im Rausgehen hörte ich gerade noch, wie der Sohn einen unfeinen und keineswegs kleinkindgemäßen englischen Ausdruck murmelte und die Musik wieder aufgedreht wurde. Sohn II robbte aus dem elterlichen Schlafzimmer ins Kinderzimmer, ich ging zurück und warf noch schnell einen Blick hinein, um zu sehen, was er da wollte. Der Kleine setzte sich auf den Boden neben sein großes Vorbild, knurrte zustimmend den CD-Player an und schaukelte solidarisch etwas mit dem Oberkörper hin und her. Sein Kopf schlug dabei halbwegs im Takt gegen den seines großen Bruders. Eine spanische Frauenstimme sang die hämmernde Discoversion eines Kinderliedes, in den höheren Lagen fing der Lautsprecher an entsetzlich zu schnarren, was die beiden Zuhörer überhaupt nicht störte. Wahrscheinlich hielten sie es für einen erwünschten Effekt der Lärmmaschine. Sohn I sang den Refrain mit, wobei er willkürlich und weitgehend sinnfrei zwischen englischen, deutschen und spanischen Vokabeln wechselte. Sohn II brabbelte begeistert die Vokale vor sich hin.

„Wo sind eigentlich die Kinder“, fragte die Herzdame aus dem Bad.

„Im Kinderzimmer“, sagte ich, „sie üben Headbangen.“

„Ah“, sagte die Herzdame, „dann ist es ja gut.“

Das Wunderkind

Ich finde dieses moderne Gieren nach Hochbegabung bei einem Kind etwas anstrengend. Es gibt zu viele Eltern, die an den Kindern herumzerren, um endlich etwas zu entdecken, was man fördern, pushen könnte, in das man investieren könnte. Bei manchen Eltern könnte man fast glauben, sie redeten über Betriebswirtschaft, wenn sie ihren Nachwuchs preisen. Es gibt entschieden zu viele Eltern, die ihre Kinder förmlich belauern, um das versteckte Genie zu entdecken, das doch irgendwo in dem vernagelten Nachwuchs vorhanden sein muss, andere haben es doch auch. Immer früher werden die Kleinen heute zum Zählen angehalten, zum Buchstabieren, zum Rechnen. Sie werden mit Mozart berieselt, in Naturkundeausstellungen geschleift, vor Chemiebaukästen gesetzt, schon im Krippenbereich des Kindergartens kommt man ihnen mit interaktiven Englischübungen - dabei wollen sie eigentlich viel lieber schaukeln. Sollen die Kinder doch normal sein, sollen sie eins, zwei, drei, sieben zählen, Grammatikfehler machen und den Rhythmus neben die Musik hauen, mir ist das ganz gleich. Ein Kind ist ein Kind ist ein Kind.

Aber wenn man natürlich ganz zufällig über eine Spitzenbegabung stolpert, die vollkommen unübersehbar ist, dann wäre es auch wieder verantwortungslos, sich nicht damit zu befassen. „Ich ging im Walde so vor mich hin, und nichts zu suchen, das war mein Sinn", um endlich einmal Goethe zu zitieren, wo wir schon bei Wunderkindern sind – wenn man in diesem Sinne nichts sucht, so denke ich, dann darf man wohl auch finden. In aller Unschuld, sozusagen.

Wir waren mit beiden Söhnen bei einem großen Kindermusikfestival. Wenn die beiden schon schwer unmusikalische Eltern haben, dann sollten sie wenigstens anderweitig gelegentlich Kontakt mit Tönen, Rhythmen und womöglich sogar richtigen Melodien haben, das schien uns soweit fair. Das Festival fand in einem großen Hamburger Park statt. Da lagen Instrumente auf einer Wiese herum, die die Kinder einfach nehmen konnten. Hunderte Kinder machten davon Gebrauch, vollkommen überforderte Betreuer versuchten hier und da, etwas zu erklären. Man konnte mal eben ein Akkordeon ausprobieren oder – zig Arten von Trommeln oder andere Perkussionsinstrumente oder Hörner oder Dinge, für die ich tatsächlich nicht einmal eine Bezeichnung gewusst hätte. Während Sohn II fröhlich brabbelnd über einen Stapel Waschbretter krabbelte und so immerhin andere erfolgreich davon abhielt, damit Krach zu machen, ergriff Sohn I zielsicher eine Gitarre, ohne all die anderen Instrumente ringsum auch nur eines Blickes zu würdigen. Er hatte noch nie eine Gitarre in der Hand gehabt, in der Kita gab es nur Trommeln, zu Hause nur eine Stereoanlage und eine Rassel. „Guck mal“, sagte ich zur Herzdame, „er hält sie ja ganz richtig.“

Sohn I stand wie in Trance, er sah an sich herunter, er starrte auf das Instrument, es arbeitete sichtbar in ihm. Er lächelte dezent, er sah plötzlich ein wenig so aus, als wäre er erst mit Gitarre wirklich vollständig. Er fasste sie vollkommen korrekt an, nickte dann, sah zu mir hoch und strahlte mich an. „Guck doch mal“, sagte ich zur Herzdame, „da hat aber jemand was gefunden, was? Der sieht ja völlig begeistert aus.“ Der Sohn starrte wieder auf die Saiten, vorsichtig berührt er eine, dann noch eine. Das Nicken wurde stärker, jetzt war ganz klar, dass hier etwas Seltsames passierte. Man konnte förmlich sehen, wie die ganze trubelige und lärmende Umgebung des Festivals um ihn herum allmählich aus seinem Bewusstsein verschwand. Hier gab es nur noch ihn und die Gitarre. Er hatte zwar keinerlei Erfahrung mit einer Gitarre, aber, soviel konnte man jetzt schon sehen, das hier würde ganz bestimmt nicht das letzte Mal sein, dass er sich mit so einem Instrument befasste.

„Die Gitarre gefällt dir, was?“, fragte ich den Sohn, der immer noch mit den Fingern über die Saiten fuhr, ohne dabei eigentlich zu spielen, er schien alles ganz langsam und sehr vorsichtig zu ertasten. Er hörte mich nicht, er nahm mich nicht einmal zur Kenntnis. Ich wiederholte die Frage. „Ja“, sagte er schließlich kaum hörbar, „ja, gefällt mir sehr.“ Seine Finger streichelten sanft über das Holz. Dann nahm er die Gitarre und haute sie seinem kleinen Bruder mit Schwung auf den Kopf.

„Hast du das gesehen?“, frage ich die Herzdame, „das war perfekt. Ohne jede Übung! Das hat er einfach so drauf! Ein Rockstar! Wir müssen Zettel aushängen und Bandmitglieder suchen! Noch drei Mann dazu!“ Die Herzdame antwortete nicht, sie war damit beschäftigt, die Söhne zu trennen, denn Sohn II ist nicht der Typ, der sich mal eben hauen lässt, womit auch immer. Ein anderer Vater fragte mich, ob er wohl einmal das Akkordeon haben könne, auf dem sich unsere Söhne gerade herumprügelten. „Klar", sagte ich, „kein Problem. Akkordeon ist sowieso nicht dran. Mein Großer hier ist mehr hendrixmäßig drauf."

Wie gesagt, ich halte nichts von dem Herbeibehaupten von Spitzenbegabungen. Aber wenn das eigene Kind offensichtlich ein Genie ist, kann man auch nicht auf Dauer daran vorbei leben.

Zum Nationalgefühl bei Kleinkindern

Sohn I wusste früh, in welcher Straße er wohnte und er wusste auch, wer hier zur Nachbarschaft gehörte. Er wusste, wie er mit Nachnamen hieß und wer zur Sippe gehörte. Das wusste er sogar bei Menschen, die er kaum kannte, wie etwa bei meinem Bruder, den er nur einmal im Leben gesehen hatte. Er wusste auch, dass er in Hamburg wohnte, was vor allem an der Abgrenzung zum Heimatdorf der Herzdame lag – war das da draußen vor dem Fenster nicht Hamburg, dann war es wahrscheinlich Friedewalde. Hamburg war so wie immer, alles andere war irgendwie speziell, war womöglich sogar, wenn genug Wasser und Sonne da war, Mallorca oder Helgoland oder die friesische Halbinsel Eiderstedt. Hamburg war die Routine – das Kind bastelte sich langsam eine seelische Heimat. Von Deutschland hatte er natürlich keinen Schimmer. Er wusste zwar, dass einige Menschen anders redeten als wir, zum Beispiel die Eltern seiner Freundin, das fand er soweit ganz lustig. Dass die anderen aber Portugiesen waren und wir Deutsche – davon hatte er keine Ahnung.

Kurz vor der Fußball-WM wurde das Thema der Nationen und Länder natürlich immer präsenter, das deutete sich schon bei jedem Einkauf an, etwa wenn man ganz banal am Kühlregal entlangging. Nationenaufkleber im Joghurt-Sixpack, Nationalmannschaften auf der Milchpackung, Flaggen auf der Leberwurst. Klebe-Tattoo-Fahnen, um genau zu sein. Klebe-Tattoos müssen natürlich auf den Arm, ganz egal, was da drauf ist, da kannte der Sohn keine Hemmungen. Kleinkinder sind heutzutage ohne Klebe-Tattoos praktisch nicht mehr denkbar. Das arme ahnungslose Kind wäre auch mit Werbung für die FPD, den Ring Deutscher Makler oder noch Schlimmerem herumgelaufen, Hauptsache bunt.

In der Leberwurstpackung war eines Morgens eine kleine Deutschlandfahne als Tattoo. Der Sohn pellte sie von der Wurst, drehte sie grübelnd in den Fingern und fragte mich dann, was eine Fahne eigentlich sei. Ich versuchte es zu erklären, das war gar nicht so einfach. Ich mühte mich redlich ab, das Prinzip der nationalen Abgrenzung kindgemäß darzustellen. Ich redete von ganz großer Nachbarschaft und Riesenfamilien, von Geschichte und Politik, von Grenzen und Sprachen, Germanen und Stämmen. Als der Sohn vor Langeweile schon nahezu vom Stuhl kippte, hörte ich auf. Thema abgehakt, wieder etwas Wichtiges vermittelt, man ist als Vater ja soweit zielstrebig. Ich klebte dem braven Schüler das Tattoo auf. Der Sohn rappelte sich wieder auf, ging vor den Spiegel und besah sich ausgiebig das frische schwarzrotgoldene Rechteck auf seinem Arm.

Dann ging er zur Herzdame und zeigte stolz seinen neuen Schmuck vor. Sie fragte ihn, ob er auch wisse, was das da sei. „Ja“, sagte er, „weiß ich. Das ist eine Wurstfahne.“

Entfremdung

Der Titel lässt es bereits ahnen, das Leben mit Kindern besteht nicht nur aus Sonnenschein und fröhlichen Stunden, es gibt auch durchaus ernstere Themen, denen man sich nicht immer entziehen kann. Ab und zu, denke ich, kann so etwas auch meinen Lesern zugemutet werden. Sonst entsteht am Ende ein ganz falscher Bilderbucheindruck vom Familienleben, wie es niemals war und auch niemals sein kann. Fangen wir dezent mit dem Hinweis an, dass Kleinkinder nicht nur durch lustige Einfälle verhaltensauffällig werden. Nein, manchmal würde man das, was sie umtreibt, bei Erwachsenen sofort als therapiebedürftig bezeichnen und ohne lange zu zögern einen namhaften Experten empfehlen. Sohn I zum Beispiel hatte über mehrere Monate einen ausgeprägten Farbwahn und bewertete seine Umwelt sehr streng und konsequent nach ihrer Buntheit. Lila kam dabei am besten weg, was lilafarben war, das konnte nicht ganz schlecht sein – und nicht nur das! – nein, es war sogar so: Was lilafarben war, das musste gut sein. Dieser Spleen ließ sich in dem Jahr in Bezug auf Kleidung erfreulich einfach umsetzen, da die Mode ihm bereitwillig weit entgegenkam. Bei der Wahl der Bücher wurde es schon etwas schwieriger, bei Plastikspielzeug fast unlösbar und bei der Ernährung stand er mehrere Wochen vor einem ziemlich ernsten Problem. Bis er den Heringssalat entdeckte, ein Lebensmittel, bei dem man nicht sofort vermuten würde, dass es Kleinkindern überhaupt schmecken könnte. Einem tendenziell schwierigen Esser wie Sohn I hätte ich Heringssalat womöglich erst nach der Pubertät zum ersten Mal angeboten, aber es kam anders. Er sah die Packung im Kühlschrank, machte den Deckel auf, sah sich die Farbe an und sagte „schmeckt gut".

Ohne zu probieren oder auch nur daran zu riechen. Tagelang lebte er dann hauptsächlich von Brot mit Heringssalat, wir hatten ein glückliches Kind am Tisch und warteten geduldig auf den Tag, an dem sich diese Sonderform der Ernährung deutlich sichtbar auf seinen Teint oder seine Haarfarbe auswirken würde. „Vielleicht können wir ihn bald gegen Geld vorzeigen", sagte ich hoffnungsvoll zur Herzdame.

Mit einem solchen Spleen hätte man vielleicht noch leben können. Man hätte einfach hoffen können, dass es sich in wenigen Wochen wieder von selbst geben würde, letztlich würde auch das nur eine Phase sein, aber das Thema barg dann leider noch weitere Abgründe. Beim Fußball zum Beispiel entschied er bei jedem Spiel spontan nach der Trikotfarbe, für wen er war, eine Haltung, die er um keinen Preis und trotz aller vernünftigen Belehrung aufzugeben bereit war. Deutschland hatte dabei, soviel war bei schwarz-weißen oder sogar ganz schwarzen Trikots natürlich klar, nicht die allerleiseste Chance.

Auch damit hätte man sich, zumindest abseits der Public-Viewing-Plätze, noch ganz gut arrangieren können, wenn nicht ausgerechnet Orange neben Lila eine weitere Farbe seines seltsamen Geschmacks gewesen wäre. So kam es, dass eines Abends auf unserem Sofa ein fast Dreijähriger von meinem eigen Fleisch und Blut saß, der während einer ganzen regulären Spielzeit „Holland vor, noch ein Tor“ vor sich hin sang. Das ist ganz ohne Zweifel eine bittere Erfahrung, wenn man aus heiterem Himmel feststellen muss, dass der Nachwuchs vollkommen aus der Art schlägt und man daher notgedrungen mit der Herzdame ausgerechnet am heißesten Abend des Jahres über die Zeugung weiterer Kinder verhandeln muss, um die Anzahl der womöglich brauchbaren Söhne zu erhöhen.

Ich habe Sohn I auf Enterbung, Verstoßung, Fernsehentzug, Zwangsanmeldung beim HSV und weitere üble Folgen seines katastrophalen Verhaltens hingewiesen. Ich habe ihn darüber aufgeklärt, dass man sich als Kind zumindest ansatzweise in seinen Familienverbund einfügen muss und dass es andererseits sehr schnell sehr einsam um einen kleinen Jungen werden könnte, wenn er sich den Grundüberzeugungen des Rudels weiterhin widersetzen sollte. Er sah mich grinsend an und sagte „Holland vor!“

Ich sagte ihm, dass mir Fußball selbstverständlich emotional vollkommen egal sei, jedes Land könne die WM gewinnen, da stünde ich natürlich drüber, meinetwegen könne der Vatikan, Nordkorea, Andorra oder sogar Argentinien Weltmeister werden, jedes Land, wirklich jedes – nur eben nicht Holland.

Jeder Mensch meines Alters und einer ähnlichen WM-Zuschauergeschichte aus deutscher Perspektive wird das zwingend sofort verstehen und nachvollziehen können. Nicht so der Sohn. Er sah auf den Fernseher und sagte: „Gleich Tor. Für Holland.“ Dann schlief er allerdings ein und vermied so eine weitere Eskalation, man mag gar nicht daran denken, wie der Abend sonst geendet hätte.

„Los", sagte ich entschlossen zur Herzdame, „wir gehen rüber ins Schlafzimmer und machen sofort einen Neuen." Aber die Herzdame war während der letzten Spielzüge ebenfalls eingeschlafen. Ihre Hand lag auf dem Kopf von Sohn I, unbewusst streichelte sie sein Haar. Mütter halten zu ihren Kindern, das kennt man aus Romanen und Filmen, auch wenn diese Drogen nehmen, in seltsame Sekten gehen, Schwerverbrecher werden oder für die falschen Länder sind. Sohn II saß zwischen den beiden und sah mich strahlend an. Er winkte mir fröhlich zu und hob beide Arme, als wollte er hochgehoben werden.

„Ja", sagte ich misstrauisch, „so hat der andere auch angefangen. Erst einen auf lieben Sohn machen, dann für Holland sein. Das kenne ich jetzt."

Ich streichelte zögernd seinen Kopf und sah ihn nachdenklich an. In zwei Jahren ist EM, dachte ich, dann ist er auch fast drei Jahre alt. Es sollte wohl noch spannend bleiben.

Die Hausapotheke

Sohn II zahnte. Ein zahnendes Kind ist in aller Regel kein sehr lustiges Kind, und zum Bedauern aller anderen Familienmitglieder ist es meist auch kein leises Kind. So ein Zahn wächst gerne zu unpassenden Uhrzeiten vor sich hin, auch nachts um drei, auch morgens um vier, und auch noch morgens um fünf und so weiter. Das Kind quakt und jammert, es heult und wimmert, es gibt alle nur denkbaren Varianten von Geräuschen von sich, nichts davon möchte man gerne hören. Wenn man die Wahl hätte, man würde in diesen Stunden lieber überhaupt nichts hören.

Man kann einem zahnenden Kind gekühlte Beißringe geben, die etwa zwei Minuten wirken, man kann es herumtragen und bekaspern, bis man selbst fast ohnmächtig umfällt und delirierend im fortgeschrittenen Schlafentzug brabbelnd lustige Kinderliedrefrains von sich gibt, aber alle noch so bemühte Ablenkung wirkt stets nur im Minutenbereich. Man kann zig verschiedene Sorten wirkungsloser pflanzlicher oder auch chemischer Salben auf das Zahnfleisch auftragen, vorausgesetzt man kriegt überhaupt einen Finger in den wütend verzogenen Babymund. Man kann, wenn man traditionell vorgehen möchte, das Kind eine Veilchenwurzel benagen lassen oder es mit Bernsteinkettchen behängen – es gibt wirklich viele aktuelle und überlieferte Methoden, sich mit einem zahnenden Kind zu beschäftigen. Jede Familie scheint ihre ganz eigene Traditionslinie zu haben, auf Spielplätzen und in Parks werden noch die krudesten Tipps unter geplagten Eltern bei regem Interesse ausgetauscht. Und hätte mir jemand gesagt, das alte Rezept von Tom Sawyer, eine tote Katze über die linke Schulter zu werfen, würden dem Kleinen sofort Linderung bringen, ich hätte es vermutlich irgendwann probiert. Zumindest wenn ich gerade eine tote Katze greifbar gehabt hätte, versteht sich. Aber tatsächlich bringt nichts wirklich Erleichterung, wenn man nicht gerade mit den ganz schweren Geschossen der schmerzstillenden Mittel anfangen möchte, und wer würde das wollen, die braucht man ja noch später für ernstere Fälle, glaubt man zumindest, und tagelang kann man das Kind schlecht mit Chemie vollpumpen. Nichts bringt dem Kind also Erleichterung – außer einer kleinen, gerne verlachten Heilmethode aus der eher esoterischen Ecke.

Es war vier Uhr dreißig in der Nacht, Sohn II wurde wach, weinte in einem besonders jämmerlichen Tonfall, steckte sich eine Hand in den Mund und sabberte ungewöhnlich ergiebig. Zahnungsschmerzen, keine Frage. „Globuli" sagte ich zur Herzdame, „schnell, die Globuli." Die Herzdame angelte im Halbschlaf nach der Dose und reichte sie mir, ich schüttete mir ein paar der kleinen Kugeln in die Handfläche. Eine Überdosis ist wissenschaftlich gesehen bei homöopathischen Medikamenten ausgeschlossen, mit dem Nachzählen der Gabe hielt ich mich daher gar nicht erst auf. Ich machte ein wenig Licht an, setzte Sohn II auf den Fußboden und verstreute die Globuli großzügig um ihn herum. Er sah freudig überrascht aus. Dann fing er sehr engagiert an, mit seinen kleinen Fingern, die das präzise Greifen noch üben mussten, nach und nach jede einzelne dieser winzigen Kügelchen vom Laminat und aus den Teppichfransen zu puhlen. Das war gar nicht einfach und er brauchte dafür lange, eine volle Dosis konnte tatsächlich eine halbe Stunde oder sogar vierzig Minuten verbrauchen. Eine lange Zeit, in der er vor lauter Konzentration seine Zahnschmerzen vollkommen vergaß, so sehr war er mit Feuereifer auf der Jagd nach den Zuckerperlen. Kostbare Zeit, in der alle anderen Familienmitglieder friedlich schlafen konnten. Die meisten Perlen fielen dem Kleinen wieder runter, als er sie zwischendurch zum Mund führen wollte, nach einer Weile klebten sie ihm an allen möglichen Körperteilen, im Kind landeten dabei die wenigsten oder gar keine, aber darauf kam es auch gar nicht an. Das Kind war beschäftigt, still und vergnügt. Um den Zahnungsschmerz kümmerte es sich erst viel später wieder.

Für uns war vollkommen klar: Homöopathie wirkt.

Herbst

Es war im frühen September, eines Morgens um halb sechs. Ich stand fröstelnd auf dem Balkon und sah auf den leeren Spielplatz. Er lag noch in dunkelgrauer Dämmerung, der Sand noch nass von der Nacht. Zahllose Spinnweben hingen tropfenschwer in den Büschen, es nieselte ganz leicht, und in den müden Baumkronen hockte der Herbst und lauerte. In den Häusern ringsum gingen gerade ein paar vereinzelte Lichter an, außer mir standen noch zwei andere Männer auf den Balkonen und sahen in den Morgen, der schon ungewöhnlich deutlich nach Herbst aussah. In der Luft ein flüchtiger Geruch von kühlem Wasser, der Wind wehte von der Alster her. Herbst, dachte ich und atmete tief durch, auch gut.

Sohn I kam zu mir auf den Balkon und fragte, was ich da guckte. Ich hob ihn hoch und zeigte ihm alles, was ich mir angesehen hatte. Ich zeigte ihm auch die ersten bunten Blätter in den Bäumen, die er aber nicht sehr spannend fand. Herbst, dachte ich wieder, wie wundervoll. Da kann man bald Laterne laufen, sehr schön, das wird den Kindern natürlich eine riesige Freude sein. Da kann man Drachen steigen lassen, sofern man denn einen gebaut hat. Na, sagen wir lieber, wenn man einen gekauft hat. Man kann durch meterhohe Laubberge rascheln und auf Waldspaziergängen die schönsten Blätter sammeln und mitnehmen, die ganze goldbunte Pracht des Septembers oder des Oktobers. Man kann endlich wieder spazierengehen, ohne vorher alles mit fettiger Sonnencreme einzusauen, man kann sogar hoffen, dass unsere Dachgeschosswohnung irgendwann wieder unter 27 Grad abkühlt. Man kann kuschelige Rollkragenpullover tragen, in Gummistiefeln durch Pfützen springen und Kastanien, Eicheln und Bucheckern sammeln. Man kann herrliche Eintöpfe kochen, Zwiebelkuchen essen, Federweißen trinken und überhaupt, Herbst ist toll. Dachte ich so. Und Sohn I war jetzt vielleicht sogar schon alt genug, um den besonderen Zauber der einzelnen Jahreszeiten allmählich zu verstehen. Es war einen Versuch wert.

„Sohn“, sagte ich, „der Sommer ist fast schon vorbei, der hält nur noch zwei, drei Wochen. Nach Sommer kommt Herbst. Weißt du eigentlich, was Herbst ist?“

„Ja“, sagt der Sohn, hob einen toten Schmetterling auf und drehte ihn in den Fingern, bis er zerbröselte.

„Was ist denn im Herbst?“, frage ich sicherheitshalber, denn der Sohn hatte bemerkenswert früh herausgefunden, wie Wissenslücken geschickt zu kaschieren waren. Der Sohn guckte kurz von seinem Schmetterlingsrest hoch und gab mir eine bemerkenswert präzise Definition des Herbstes: „Im Herbst ist danach bald Weihnachten.“

Adda in Strande

Strande, das ist ein kleines, eher unscheinbares Dorf an der schleswig-holsteinischen Ostseeküste, gleich neben dem etwas größeren Schilksee, das man aber auch nicht unbedingt kennen muss, wenn man sich nicht gerade sehr gut in der olympischen Geschichte auskennt. Beide Dörfer sind in der Nähe von Kiel, das man natürlich gleichfalls nicht unbedingt kennen muss, wie ich als Lübecker geradezu zwanghaft feststellen muss.

Strande also. Eine Fischbrötchenbude, ein Hotel, ein Yachthafen, ein paar Fischerboote. Im Wappen der Gemeinde ein Großsegel und ein Spinnaker, da weiß man als Tourist gleich Bescheid. Ein windschiefer Holzzaun um das Gebäude des Yachtclubs, vollgehängt mit Verkaufsanzeigen für Boote und Zubehör. Angepinnte Zettel, die meisten verblichen, mit vom Regen zerlaufener Schrift, eingerissen, verwischt, halb verweht. „Verkaufe Hundeschwimmweste in XL, kaum gebraucht“ las ich, das wäre schon eine Geschichte für sich, nur möchte man sie wahrscheinlich gar nicht wissen.

Wir gingen auf einem schmalen Steg raus bis zu einer Bootstankstelle, um den Kindern dort ein Eis zu kaufen. Eine der kleineren Premieren im Leben, in so einer Tankstelle zu stehen. Eine Yacht machte gerade neben der Zapfanlage fest, Leinen wurden herübergeworfen. Sohn I war hingerissen und sah begeistert zu. Sohn II nutzte die Gelegenheit, um große Stücke aus dem Eis des Bruders zu beißen, überhaupt bestand Sohn II weiterhin im Wesentlichen aus Hunger, besonders an der See. „Adda“, sagte er kauend und zeigte auf ein kleines Fischerboot, das gerade näherkam, „Adda!“

Er wirkte etwas aufgeregt, aber das war ja auch kein Wunder, so oft war er noch nicht ans Meer gekommen. Er brabbelte heiter vor sich hin. Er war gerade ein Jahr alt geworden. Mit einem Jahr wird bei Kleinkindern oft aus den spielerischen Silben wie Adda, Lala oder Dada das erste sinnvolle Wort. Nicht nur Mama oder Papa, auch Dinge werden benannt, Nane oder Nana für Banane etwa wäre so ein typisches Beispiel, oder Lullu, Lulli für den Schnuller. Es macht Spaß, an den Wortbildungen des Kleinen herumzurätseln, denn manchmal erwischt man exakt den richtigen Punkt und erlebt so die Geburt eines Wortes. Manchmal hilft ein wenig deutliches Vorbeten und aus einem einzigen großen A wird plötzlich Ball, einfach so. Und bleibt dann lebenslang, das darf man schon beeindruckend finden. Sohn II konnte Mama und Papa sagen, mehr war bis dahin nicht zu vermelden. Allerdings war er mit seiner Silbenfolge gerade sehr kreativ, er war offensichtlich ganz kurz davor, seinen Vokabelschatz zu vervielfachen.

„Adda", sagte das Kind wieder und zeigt auf das Schiff.

„Boot", schlug ich ihm vor, das erschien mir von der Aussprache her einigermaßen einfach, das hätte er ja ruhig einmal versuchsweise nachsprechen können.

„Boot, ein Boot", wiederholte ich und zeigte auf den herandümpelnden Kahn. „Adda" sagte der Sohn, zeigte auch und schüttelte den Kopf. Adda, überlegte ich, wie könnte man denn jetzt wohl eine sprachliche Brücke zu Boot oder einem anderen sinnvollen Begriff hinkriegen? Kahn, Schiff, Boot, Kutter, das war leider alles noch recht weit weg von der Adda-Silbenfolge. Ich blieb der Einfachheit halber bei Boot und wiederholte den Begriff einfach immer wieder und wieder, bis der Sohn mich genervt ansah, nach meinem Mund schlug und wütend „Adda" sagte.

Vor ein paar Tagen hatte ich noch gedacht, Adda wäre der Begriff für seinen Bruder gewesen, während die Herzdame dachte, Adda wäre sein Wort für Hallo. Nun war es aber anscheinend ein Boot und damit eben doch gar kein Wort, sondern einfach nur ein Geräusch, denn ein Boot hatte er vorher noch gar nicht in der Wirklichkeit gesehen und konnte es also auch nicht benannt haben, schon gar nicht richtig. Einfach Adda also. Sein Lieblingsgeräusch. Nun ja. Da würden wir eben noch ein wenig warten müssen, bis zum magischen Einsetzen des Sprechvermögens. „Adda“, sagte ich ein wenig enttäuscht zur Herzdame, „für ihn ist einfach alles Adda.“

Das Boot war währenddessen nähergekommen und drehte jetzt bei. Ein Mann in langen Gummihosen warf vom Heck aus ein Seil an den Steg. Wir sahen ihm zu, wie er im Schiff hantierte und das Tau verknotete, dann fiel mein Blick auf ein Detail an der Außenwand des Bootes.

„Guck mal“, sagte ich zur Herzdame, „das gibt es ja gar nicht.“ Der Blick der Herzdame folgte meinem. „Oh“, sagte sie, und dann sagte sie ziemlich lange gar nichts mehr. „Wenn ich darüber schreibe, das glaubt mir doch kein Schwein“, sagte ich.

„Nein“, sagte die Herzdame, „wohl kaum.“ „Ich mach es aber trotzdem“, sagte ich. Ich setzte Sohn II auf die Planken des Stegs, auf denen er wankend stehenblieb und wieder auf das Schiff zeigte. „Adda“, sagte er und sah mich dann fragend an – und er hatte vollkommen recht. Vor uns hatte gerade eben ein Boot angelegt, das auf den seltsamen Namen Adda getauft war, an dem Schriftzug am Heck war überhaupt nicht zu zweifeln.

„Adda“, sagte ich, „da hast du aber ein schönes erstes Wort, mein Kleiner.“

Zusammenhänge

Mit drei Jahren versteht ein Kind zusehends besser, wer was warum macht und wie das alles zusammenhängt. Ganz allmählich lösen sich Dinge und Szenen aus der Vereinzelung, finden zusammen, verketten sich in Wenn-Dann-Verbindungen, ergänzen und bereichern sich –

auch dann, wenn sie gerade gar nicht sichtbar sind und sogar auch dann, wenn sie keiner erklärt hat. Ein Luftballon ist dann nicht mehr einfach nur ein Luftballon, ein Luftballon ist ein Ding, das man für einen gewissen Preis in einem bestimmten Laden kaufen kann, der in einer bekannten Straße liegt, zu der man auf einem festgelegten Weg kommt. Ein Luftballon ist aus einem Zeug gemacht, aus dem man auch andere Sachen machen kann. Wenn er kaputtgeht, kann man ihn wiederbeschaffen, das ist nicht einmal sehr teuer. Es gibt Luftballons in vielen Farben und einige sind besser als andere. Erwachsene können Luftballons aufpusten, kriegen aber einen sehr roten Kopf dabei. Und das ist alles erst der Anfang, wenn man ein wenig nachdenkt, dann fällt einem sogar noch sehr viel mehr zu einem einfachen Luftballon ein. Die Begriffsinhalte zu all den Sachen wachsen und vermehren sich, schon sind sie fast unüberschaubar. Ein Einjähriger weiß zu einem Ball nur „Ball“ und dass er rollt. Was ein dreijähriges Kleinkind alles zu „Ball“ weiß, das ist schon viel zu viel, als dass es das mal eben erzählen könnte.

Das Kind macht sich Gedanken. Ganz alleine. Es denkt beim Schaukeln darüber nach, was da oben ist, wo man nicht hinschaukeln kann, was denn wohl noch hoch über der Luft ist. Es denkt beim Anblick eines toten Käfers darüber nach, ob der auch toter als tot sein kann, zum Beispiel wenn man noch einmal mit dem Gummistiefel kräftig drauftritt. Es denkt beim Anblick von kaputten Bierflaschen auf Spielplätzen darüber nach, wer so etwas macht und wieso das eigentlich nicht alle machen, aber einige eben doch, und warum da nicht immer jemand aufpasst und wieso die Scherben eigentlich nicht der erste wegmacht, der sie sieht, das wäre doch viel besser. Und wieso hält der Vater eigentlich schlaue Vorträge über

Glasscherben und Moral und räumt sie nicht einfach weg. Das Kind kommt zu den richtigen Erkenntnissen, ziemlich oft sogar. Gut, es ist natürlich nicht ganz richtig, dass die Schnullerfee auf feuerspeienden Drachen durch die Nacht reitet. Und wenn man ganz, ganz hoch schaukelt, dann fliegt man auch nicht direkt bis nach Mallorca, wo man dann praktischerweise gleich ein wenig Urlaub machen kann. Aber so ein kleiner Denker leistet doch mehr und bessere geistige Arbeit, als man vielleicht annimmt.

Ich stand am Morgen im Bad und rasierte mich. Sohn I saß auf dem Badewannenrand und sah mir zu, das Kinn in die Hand gestützt, es arbeitete merklich in seinem Kopf. Dann tippte er mich schließlich an: „Papa, ich weiß jetzt, warum du dich immer rasierst, glaube ich."

„So", frage ich, „warum denn?" „Damit du von mehr Frauen geküsst wirst", sagt er und dachte noch ein wenig weiter nach. Dann stand er auf und holte sich einen kleinen Hocker, stellte ihn neben mich, kletterte hoch und griff energisch nach dem Rasierapparat:

„Das will ich jetzt auch."

Bewegung

Ich machte mit Sohn I im Kindersitz eine kleine Fahrradtour, weder sehr weit noch sehr bergauf oder auch nur sehr schnell, eher ein gemäßigter kleiner Ausflug durch das nähere Stadtgebiet. Ich hatte dabei einen Rucksack auf, denn für Kinder braucht man immer Zubehör. In dem Rucksack war kaum etwas drin, nur das Allernötigste, also Essen, Trinken, Wechselkleidung, Bücher, Spielzeug, Regensachen, Sonnencreme, Lätzchen, Windeln, Wickelunterlage, Feuchttücher, Pflaster, Schnuller, Fotoapparat, Kindersonnenbrille, was man eben so braucht, wenn man mit dem Kind einmal kurz vor die Tür geht. Ich montierte den Sohn in den Kindersitz, zurrte die Gurte fest, setzte ihm seinen Helm auf, schwang mich auf das Fahrrad und fuhr fröhlich los. Nach einer Weile fragte ich mich, wo eigentlich die merkwürdigen Geräusche herkamen und merkte dann, dass es sich um das halb ersticktes Stöhnen des Kindes handelte, das hinter mir meinen Rucksack im Gesicht hatte und, da es gut angeschnallt war, leider wenig Chance zur Gegenwehr. Ich hielt an und stieg ab. Gut, dachte ich, dann nehme ich den Rucksack eben vor den Bauch, wenn das hinten nicht passt. Von solchen Kleinigkeiten soll man sich nicht aufhalten lassen. Ich drapierte das Gepäck neu, stieg wieder auf und drehte mich nach dem Kind um, so gut es ging. Kein Problem, hinter mir gab es jetzt keine Sorgen mehr. Leider verrutschte mir aber der vorne getragene Rucksack dauernd, so dass ich ihn beim Fahren mit einer Hand an einem Schulterriemen festhalten musste. Außerdem saß er jetzt zu tief, so dass ich meine Beine beim Treten ungewöhnlich weit nach außen biegen musste. Ich fuhr in insgesamt eher fragwürdiger Haltung und trug dabei maßgeblich zur Erheiterung der Passanten bei, aber was tut man nicht alles für seinen Sohn. Ein Fahrradausflug war versprochen und so leicht gibt man so etwas nicht auf, nur weil man etwas unbequem sitzt. In anderen Kulturen muss man sein Kind einen halben Tagesmarsch bis zur nächsten Wasserstelle schultern, dachte ich, da werde ich es wohl mit dem Fahrrad um den Block schaffen. Kann ja wohl nicht sein, dass man bei der geringsten körperlichen

Belastung sofort kapituliert, das würde man an seinen Kindern schließlich auch bemängeln. Ich übte den Erziehungsauftrag zur Abwechslung an mir selbst aus und fuhr stoisch weiter.

Am nächsten Tag hatte ich den Muskelkater meines Lebens und wusste schon nach dem Aufwachen nicht recht, wie ich überhaupt aus dem Bett kommen sollte, da sowohl die Bauch-, als auch die Arm- und Beinmuskeln im fortgeschrittenen Alarmmodus waren und überhaupt nicht mehr mitspielen wollten. Ich rollte mich aus dem Bett und ins Bad, wo ich mich stöhnend an der Badewanne hochzog und mich dann stehend langsam und schwankend stabilisierte. Dabei sah ich mich zufällig im Spiegel und dachte, nein, das kann so wirklich nicht weitergehen. Auf keinen Fall. Ich bin noch keine neunzig Jahre alt, aber bereits so verkalkt wie ein Hundertjähriger. Ich bin nach all den Jahren im Büro und am Schreibtisch in einem solchen Ausmaß der Bewegung entwöhnt, dass ich praktisch zu gar nichts mehr in der Lage bin, nicht einmal mehr zu einer kleinen Fahrradfahrt mit einem eher dünnen Kleinkind hinten drauf, so konnte es beim besten Willen nicht mehr weitergehen. Egal, was ich gerade beruflich mache, immer pappe ich dabei stundenlang auf einem Stuhl, wenn das so weitergeht, würde ich anscheinend in naher Zukunft komplett versteinern. Ich brauchte einen Ausgleich, und zwar ab sofort.

Dann ging ich erst einmal zur Arbeit, also an meinen Schreibtisch. Danach ging ich nach Hause, also an meinen anderen Schreibtisch. Ich saß und schrieb, und als später die Kinder im Bett waren ging die Herzdame auch an ihren Schreibtisch, das entsprach so unserem abendlichem Freiberufler-Idyll. Sie in dem einen Zimmer, ich in dem anderen, jeder vor einem Bildschirm. Es wurde spät und später, ich sah auf die Uhr und hätte bald schon wieder ins Bett gehen können. Und dann dachte ich: Nein! In diese Falle gehe ich diesmal nicht.

Am Morgen einen Beschluss fassen und abends gleich wieder nachlassen, was ist das denn für eine erbärmliche Grundhaltung. Raus mit dir, vor die Tür, und zwar sofort. Wenigstens noch ein strammer Spaziergang, eine Stunde Bewegung vor dem Schlafengehen, danach kann man dann mit viel ruhigerem Gewissen schlummern.

„Ich geh mal um den Block", rief ich der Herzdame zu, die „ja, ja" antwortete, ohne auch nur hochzusehen. Sie war in ihre Arbeit vertieft und wir waren es eh nicht mehr gewohnt, abends miteinander zu reden, nachdem wir viele Nächte in getrennten Zimmern arbeitend verbracht hatten. Wir hatten sehr viel zu tun in dieser Zeit.

Ich nahm meine Jacke, zog Sportschuhe an und schloss die Wohnungstür hinter mir. Ich ließ den Fahrstuhlknopf ungedrückt und sprang die Treppen hinunter, immer ein paar Stufen auf einmal, wenn schon Bewegung, dann auch gleich richtig und sofort. Ich öffnete schwungvoll die Tür zur Straße, trat energisch vor die Tür und war in zwei Sekunden bis auf die Unterwäsche nass. Mein edler Beschluss zur körperlichen Ertüchtigung fiel zufällig in einen anständigen Wolkenbruch. Na und, dachte ich, ist ja nur Regen. Beschluss ist Beschluss! Ich gehe jetzt spazieren, und wenn ein Tornado kommt. Man kann sich als Norddeutscher ja nicht ernsthaft vom Wetter aufhalten lassen, dann kommt man hier schließlich zu gar nichts mehr.

Ich ging. Ich ging und ging, ich ging immer schneller, ich machte mich gerade und gerader, ich atmete tief durch. Ich sprang über Pfützen. Die Luft war erstaunlich warm, vor den Restaurants auf unserem Stadtteilboulevard Lange Reihe saßen trotz des kübelnden Regens noch sehr viele Menschen draußen, unter triefenden Sonnenschirmen und durchgeweichten Markisen. Zusammengekuschelte Grüppchen, in Regenjacken vergraben, trinkend und rauchend. Ich grüßte hier und da einen Bekannten, ich sah im Vorbeigehen in Cafés und Bars hinein, in denen ich seit Ewigkeiten nicht mehr gewesen war. Ich fragte mich, wann ich überhaupt zum letzten Mal abends einfach so draußen herumgelaufen war. Weiß der Kuckuck wann, vor drei Jahren? Vor den Kindern jedenfalls. Vor Ewigkeiten! Ich war nass bis auf die Haut, aber bestens gelaunt, den Muskeln tat das Gehen eindeutig gut, die Schmerzen ließen langsam nach. Ich ging und ging immer weiter, erst nach etwa einer Stunde machte ich mich wieder auf den Heimweg, durchnässt aber glücklich. Super, dachte ich, das mache ich jetzt öfter. Viel öfter, wenn nicht sogar jeden Abend. Wie schön, wenn man Beschlüsse nicht nur fasst, sondern auch sofort umsetzt! Wie außerordentlich angenehm, sich selbst so treu zu sein! Kernig, wie es sich gehört. Ein Mann, ein Wort, ein Spaziergang. Ich ging sehr beschwingt nach Hause.

Ich schloss unsere Wohnungstür auf und sah eine panisch aussehende Herzdame, die im Flur auf und ab lief und ihr Handy ans Ohr hielt. „Hey“, sagte ich euphorisch, „ich habe Sport gemacht!“

Als sie mich sah, wirkte sie verblüffend erleichtert und fiel mir filmreif in die Arme, obwohl sie dabei ziemlich nass wurde. Nanu, dachte ich, hier stimmt aber etwas nicht. Ihre Schultern bebten, fast schien es mir, als würde sie weinen. Die Herzdame, verstand ich nach einer Weile, hatte meinen Abschied gar nicht zur Kenntnis genommen, so konzentriert hatte sie gearbeitet. Sie hatte nur irgendwann gemerkt, dass ich nicht mehr am Schreibtisch saß und auch sonst in der Wohnung nicht zu finden war, während draußen gerade die Welt unterging. Ausgerechnet der Mann, der mit absoluter Sicherheit jeden Abend komplett an seinem Schreibtisch verbrachte – plötzlich weg. Zwei schlafende Söhne in den Betten, aber kein Mann mehr. Die Herzdame stand an der Balkontür, sah in den Regen und dachte sich, dass kein Mensch bei Verstand freiwillig in dieses Wetter gehen würde. Wo war der Kerl bloß geblieben? Sie rief natürlich auf meinem Handy an, aber das lag ohne mich auf dem Sofa und nützte daher wenig.

Als ich die Tür aufschloss, war sie nach langer Überlegung gerade drauf und dran, die Polizei anzurufen, um sich dort nach mir zu erkundigen und die neuesten Unfalldaten aus der näheren Umgebung zu erfragen. Und da sie sehr froh war, dass ich unversehrt wieder da war, ließen wir an diesem Abend ausnahmsweise einmal die Schreibtische Schreibtische sein und gingen umgehend gemeinsam ins Bett.

Wir merken uns daher als goldene Regel: Sportliche Männer haben mehr Erfolg bei den Frauen.

Angst

Wir wollen noch einmal auf ein ernstes Thema kommen und uns tieferliegenden Problemen stellen. Entgegen dem Anschein, den hier viele Seiten vielleicht erwecken, ist die Kindheit, und gerade auch die sehr frühe Kindheit, nämlich nicht nur ein heiteres Paradies voller komischer Vorkommnisse, fröhlichem Lernen und Unmengen an Smartiejoghurt. Nein, sie ist selbstverständlich auch eine Zeit der Probleme und der Ängste, wie wir alle wissen, die wir das irgendwann mit einem Therapeuten oder Seelsorger bis zum Erbrechen durchgekaut haben – und wer hätte das nicht. Ängste aus der Kindheit, über die man an etlichen Terminen lange Monologe gehalten hat, während sich ein Fachmann, der ein Klemmbrett auf den Knien balancierte, Notizen mit dem Kuli machte – so lange, bis man sich irgendwann fragte: Wieso eigentlich ich? Und wieso schon wieder diese dämlichen Kinderthemen? Und wieso überhaupt Therapie? Geht's noch? Und dann stand man auf und wandelte, auf seltsame Weise geheilt. Das wird ganz fraglos dem einen oder anderen bekannt vorkommen.

Bekannt kommt es einem auch vor, dass man in einer Therapie tastend herumrät, was einen denn wohl in der frühen Kindheit bewegt haben könnte, man erinnert sich ja an vieles nur höchst unklar. Was vor dem vierten Lebensjahr war, das ist in aller Regel nur noch in einer Handvoll von Bildschnipseln präsent, der Rest ist nicht mehr zugänglich. Ängste, Probleme, damals, was weiß ich denn. Ja sicher, da war doch was, man erinnert sich an die spätere Kleinkindzeit. Die großen Spinnen, die bösen, bösen Schwäne, der dunkle Heizungskeller, der alte Nachbar mit der Narbe im Gesicht und der Lederhand, was mag das alles bedeutet haben, wenn es überhaupt etwas bedeutet hat? Der Fachmann im Sessel neben einem nickt aufmunternd und schreibt mit, in der Erinnerung sieht man die Monsterspinne an der Wand und sich selbst als kleinen Vierjährigen davor, blass und bebend. Schemenhaft taucht der große Bruder auf, man erinnert sich, wie man zu zweit den Kampf mit dem Spinnenmonster aufnahm, einen Staubsauger reitend wie einen jener Panzer, von denen die Onkels, die sämtlich noch in Russland waren, immer erzählten, wenn sie nur erst genug Bier getrunken hatten. Alles bleibt natürlich in der Erinnerung höchst vage und, wenn man ehrlich ist – aber wer wäre das? – auch höchst fragwürdig. Was taugt das Gedächtnis schon. Erinnerung lügt, Erinnerung betrügt, die Spinne war tatsächlich kaum einen halben Zentimeter lang, alles inklusive, also mit Beinen, wirklich ein Wahnsinnsproblem. Aber darum geht es nicht, natürlich nicht. Es geht um das, was sie symbolisiert, jede Spinne ist ein Zeichen und zwar sogar schon, bevor man sie an der Wand zerklatscht hat – dann aber erst recht, wie einem jede Mutter bestätigen kann.

Die Spinne, das Monster, das namenlose Grauen, sie stand und steht für das Unfassbare, Unkontrollierbare, für den Abgrund in uns, für die Gefühle, die man nicht zeigen konnte oder durfte – der Fachmann mit dem Kuli fragt schon wieder nach den Eltern. Man deutet herum, man rät, man assoziiert.

Manche Psychologen meinen, der Mensch an sich habe Angst vor Spinnen, weil das ein höchst willkommener Überlebensimpuls sei, die Biester sind nämlich oft genug giftig und der Mensch erfahrungsgemäß länger lebendig, wenn er, besonders als kleiner Mensch, ausreichend Abstand von ihnen hält. Erzählen Sie das mal, während Sie auf der Couch liegen, und dann achten Sie auf das trockene Räuspern des Fachmanns mit dem Kuli. Aber das nur am Rande.

Was ich eigentlich sagen wollte: Wenn man schon schreibt und hier und da die Erlebnisse der Kleinen festhält, so dass sie später, in vielen Jahren, nachlesen können, wie es für den Vater gewesen ist, als sie klein waren, wenn sie also schon nachlesen können, was es alles an Erlebnissen gab, die sie bis dahin natürlich selbst längst vergessen haben werden – wäre es da nicht wahnsinnig praktisch und zuvorkommend, auch über die Ängste und Probleme der Kinder ein Wort zu verlieren, zur späteren Wiedervorlage bei deren Therapeuten? Dann könnten sie in ferner Zukunft einfach die Artikel des Vaters kopieren und zur Diagnose mitnehmen. Sie müssten sich gar nicht mehr mit dem mühsamen Erzählen befassen, sie könnten sich gleich ohne weitere Umwege in die Deutung stürzen. Auf die Fachmänner mit dem Kuli käme eine Generation hocheffizienter Patienten zu, tatsächlich würde sich am Ende das Hinlegen kaum noch lohnen, da würde dann auch ein Stehpult reichen, das ist auch gleich viel billiger als ein Sofa, da freut sich dann auch die Krankenkasse. Ich habe ja schon aus beruflichen Gründen eine gewisse Neigung zur Beschleunigung und Entschlackung von Prozessen.

Bitte sehr, wollen wir einmal sehen, welche dunklen Ungeheuerlichkeiten Sohn I in seinem dritten Lebensjahr umgetrieben haben: Seine größte Angst war lange Zeit, dass es sich bei einer seiner heißgeliebten Salatgurken in Wahrheit um eine Zucchini handeln könnte. Weswegen das Wort für Salatgurke in seiner Sprache auch der höchst komplexe Begriff „Gurkeaberichmagkeinezucchini“ war. In einem Wort. Kinderqualen, man macht sich keinen Begriff. Dem ganzen Rest der Welt begegnete er dafür vergleichsweise tapfer und stoisch. Keine Angst vor Spinnen, Monstern, Kühen, schwarzen Männern. Aber die Möglichkeit, eine Zucchini im Mund zu haben, die trieb ihn als Wahnvorstellung um.

Bestimmt wird er mir später für diese Erinnerung dankbar sein und sehr freundlich an mich denken, während er irgendwo in einer Verhaltenstherapie Zucchini raspelt.

Gerne geschehen, mein Sohn.

Alles neu

Ich habe mir nach zehn Jahren eine neue Brille gekauft. Zehn Jahre sind eine lange Zeit für eine Brille, mein Gesicht war ohne genau dieses Modell für mich schon gar nicht mehr denkbar. Es fiel mir ziemlich schwer, mich für eine andere Brille zu entscheiden, es kam mir wie eine dieser gravierenden Veränderungen vor, für die sich andere einer Schönheitsoperation unterziehen. Ich verließ den Optiker mit dem neuen Gestell auf der Nase und besah mir auf dem Heimweg in jedem Schaufenster mein Spiegelbild. Ich bückte mich neugierig zu den Außenspiegeln der geparkten Autos am Straßenrand hinab und machte im Bus unauffällig mit dem Handy Fotos von mir selbst, um mich in neuer Aufmachung in Ruhe anzusehen. Ich fotografierte mich von vorn und von den Seiten, die Bilder schienen mir fremd und seltsam.

Ich ging in ein Bekleidungsgeschäft, probierte pro forma einen Pullover an und stellte mich vor den großen Spiegel in der Umkleidekabine. Da stand ein neuer Mensch. Hätte ich plötzlich rosafarbene Sakkos mit Strass-Applikationen und angenähten Flügelchen getragen, ich wäre mir kaum fremder erschienen. Es war, als hätte man mich ausgetauscht. Fand ich zumindest. Als ich nach Hause kam, sah mich die Herzdame kurz an, nickte mir beiläufig zu und sagte nichts. Ich stolzierte ein wenig vor ihr auf und ab, ich zog sie in meine Arme und gab ihr einen Kuss. Ich sah ihr in die Augen und lächelte auffordernd. Sie sah mich überrascht an und fragte, was ich ausgefressen hätte.

„Ich habe eine neue Brille“, sagte ich. „Ach?“ fragte sie, ohne reges Interesse zu zeigen. Dann sah sie mich noch einmal für den Bruchteil einer Sekunde an und sagte: „Ja, stimmt.“ Das war alles.

Wir trafen am Nachmittag auf dem Spielplatz befreundete Eltern, Menschen, die ich fast jeden Tag traf. Sie bemerkten nichts. Ich traf im Treppenhaus unsere Nachbarin, sie sah nichts. Die Patentante von Sohn I kam vorbei, meine Trauzeugin, mit der ich seit einer Ewigkeit eng befreundet bin, kaum ein Mensch kennt mich besser als sie. Ihr fiel nichts auf. Der einzige Mensch in meinem privaten Umfeld, der überhaupt etwas zu der neuen Brille sagte, war Sohn I, der mich, als ich ihn von der Kita abholte, kritisch ansah und dann fragte: „Wo ist die andere Brille? Die war besser.“

Am nächsten Tag brachte ich Sohn I wieder in die Kita und ein Kind aus seiner Gruppe, mit dem ich nie viel zu tun hatte und von dem ich nicht einmal den Namen wusste, zeigte aus der Ferne des Spielplatzes auf mich und rief: „Falsche Brille auf! Falsche Brille auf!“ Andere Kinder, die neben dem Jungen spielten, sahen zu mir herüber und lachten.

Kinder haben es aber natürlich noch nicht so mit dem Geschmack, sie sind ja bekanntermaßen kaum in der Lage, Schönheit zu erkennen. Außer bei Baggern.

Als ich mit der neuen Brille zur Arbeit ging und am Büro des ersten Kollegen vorüberging, sah er mich für eine Sekunde aus dem Augenwinkel und rief mir nach: „Hey, neue Brille! Schick!“ Ich blieb irritiert stehen. Kurz darauf traf ich einen weiteren Kollegen beim Kaffeeautomaten, er gratulierte mir sofort und herzlich zum neuen Look und sagte, das wäre ja auch mal Zeit gewesen nach all den Jahren. Ich ging weiter durch die Finanz-Abteilung, von Kompliment zu Kompliment. Schnell war klar: Jeder merkt es. Alle fanden den neuen Look toll, es war eine sehr verstörende Erfahrung. Ich hatte eine neue Brille, die nur Finanzbuchhaltern und schlechtgelaunten Kleinkindern auffiel. Ich dachte lange nach. Warum hatte der Optiker gesagt, die Brille würde verblüffend genau zu meinem typischen Gesichtsausdruck passen?

Ruhe

Im Frühjahr fuhr die Herzdame mit den Söhnen für ein Wochenende in ihr Heimatdorf, ich blieb in Hamburg, um zu arbeiten. Von Freitag bis Sonntag ist eine sehr lange Zeit ohne Kinder, wenn man Ruhe nicht mehr gewohnt ist. Ich saß am Schreibtisch und sah in den leeren Flur. Neben mir das leere Wohnzimmer, daneben ein leeres Kinderzimmer, hinter mir die leere Küche. Vor mir der leere Balkon. In der Wohnung war nichts, gar nichts zu hören, außer meinem eigenen Atem. Ich sah mir die leeren Räume an, dann starrte ich wieder auf den weißen Bildschirm. Ich hatte Stunden und Stunden mit nichts als Zeit und unfassbar freier Bahn vor mir. Meine Finger kreisten über den Tasten wie die hungrigen Habichte über den sommerlichen Feldern im Heimatdorf der Herzdame. Mir fiel keine einzige Zeile ein.

Es fiel mir tatsächlich schwer, mich längere Zeit zu konzentrieren, so ganz ohne mich mental gegen etwas zu wehren. Ich war es gewohnt, in eine stark verteidigten Konzentrationsfestung zu arbeiten, jetzt stand ich plötzlich im geistigen Sinne auf freiem Feld. Da war keine bananenverschmierte Kinderhand, die an meinem Ärmel zerrte, um mich irgendwohin zu bewegen. Da war keine schräge Xylophonmusik, von einem ambitionierten Musikfrühstarter in endloser Tonfolge einem gemarterten und demolierten Instrument entlockt. Da war kein schreiendes Baby, das mit flehenden Blicken am Schreibtisch vorbeirobbte und nach Äpfelchen wimmerte, da war keine Herzdame, die mir mitten in meinem mühsam getippten Satz dringend mitteilen musste, dass Sohn I schon wieder eine Schuhgröße weiter sei und sie übrigens einen neuen Kunden hatte, der ... – da war gar nichts. Nichts als Ruhe. Ab und zu die Kirchenglocken, sonst Stille. Unheimlich.

Ich habe schließlich die CDs mit der gräßlichen Kindermusik aufgelegt, die Sohn I immer hörte. Ich habe die Lautstärke weit aufgedreht. Dann ging es eine Weile.

Ich hatte bei der Abfahrt der Familie darauf bestanden, vom älteren Sohn aus dem Heimatdorf zwischendurch mal angerufen zu werden, dazu sollte er jetzt allmählich alt genug ein, dachte ich. Die Herzdame musste ihm nur noch gelegentlich helfen, wenn die Kommunikation etwas stockte. Ich freute mich, als das Telefon am frühen Abend endlich klingelte.

Ich: Hallo?

Sohn I: Auflegen!

Ich: Äh ...

Herzdame: Nein, noch nicht auflegen, erst musst du doch was sagen.

Sohn I: Papa?

Ich: Ja! Hier ist Papa! Wie geht's?

Sohn I: Gut. Jetzt auflegen!

Herzdame: Du wolltest Papa was sagen.

Sohn I: nuschelnuschelnuschelhase

Papa: Was? Hase?

Sohn I: Osterhase! Tschüss!

Herzdame: Ja, der Osterhase kommt auch bald. Aber du wolltest sagen, dass du Papa ...

Sohn I: Papa?

Ich: Hier!

Herzdame: Dass du ihn vermisst.

Sohn I: Papa Mist!

Herzdame: Na, so ähnlich.

Ich: Na super.

Sohn I: Jetzt aber auflegen!

Herzdame: Noch nicht auflegen, erst noch [Klack].

Ich habe eine Weile gearbeitet, ich habe redlich versucht, mich zu konzentrieren. Zwischendurch dachte ich an all die verlockenden Möglichkeiten, die ein Wochenende ohne Familie bot. Was ich alles machen konnte! Ich konnte morgens aufstehen, Schokolade frühstücken, ohne jemandem etwas abzugeben, ohne die Süßigkeiten wieder im hintersten Winkel des Schranks verstecken zu müssen. Ich konnte mich gleich wieder hinlegen, ohne nach zehn Sekunden schon durch irgendeinen grauenvollen Lärm geweckt zu werden. Ich konnte Bücher lesen, ganze Kapitel, ohne Unterbrechung. Ich konnte womöglich sogar ein Buch in einem Rutsch durchlesen und dann gleich das nächste anfangen. Ich konnte in Ruhe am Schreibtisch arbeiten und unfassbare Mengen wegschaffen. Ich konnte To-do-Listen bis zum letzten mickrigen Punkt abgrasen und danach noch eben die Dateien auf dem Rechner neu durchsortieren und alles sichern, wie es sich gehört. Ich konnte aufräumen, ohne dass kleine Kobolde alles sofort wieder durcheinanderwerfen würden. Ich konnte beim Portugiesen einen Kaffee trinken gehen, ohne dafür ein Kleinkind mit Kuchen bestechen zu müssen. Ich konnte Salat essen, ohne dazu noch etwas Kindgemäßes kochen zu müssen. Ich konnte beim Essen lesen, die Beine hochlegen, Bier aus der Flasche trinken und komplett auf die Vorbildfunktion pfeifen. Ich konnte sogar einfach in ein Restaurant gehen, mal eben so, etwa zum Mittagstisch. Ich konnte das Kinderzimmer neu aufräumen und organisieren, bis es aussehen würde wie im Ikea-Prospekt. Ich konnte ungestört telefonieren, jederzeit mit der Kamera rausgehen und stundenlang auf Foto-Safari die Stadt durchstreifen, wie früher, als ich noch Zeit hatte. Als ich dauernd Zeit für alles hatte, in einem Zustand, an den ich mich nach drei Jahren mit Kindern kaum noch erinnern konnte. Ich konnte mich um ganz vergessene Erwachsenenvergnügungen kümmern. Ich saß am Schreibtisch und dachte nach, es fielen mir immer mehr schwer vermisste, schon fast vergessene oder verdrängte Möglichkeiten des Amüsements ein. Ich saß am Beginn eines langen Wochenendes und hatte unfassbar freie Auswahl.

Dann dachte ich, ich könnte aber auch einfach die Stunden zählen, bis die Kinder endlich wieder im Haus sein würden.

Realismus für Anfänger

Wir saßen in der Küche und tranken Kaffee. Sohn I langweilte sich dabei etwas und begann, die Schränke auszuräumen. „Nanu“, sagte ich, „aus dem Alter müsste er doch längst heraus sein, das machen doch nur Babys.“ Schüsseln, Schalen, Töpfe, alles wurde auf dem Fußboden neu arrangiert. Dann füllte er die herumliegenden

Bauklötze seines kleinen Bruders in einen Topf. Schön, dachte ich, das ist ja nicht mehr nur einfaches Herauskramen, nein, jetzt ist er endlich in dieser angenehmen Phase der Fantasiespiele. Ganz einfache Haushaltsgegenstände reichen dabei bekanntlich aus, um sich stundenlang zu beschäftigen. Aus der Backform wird ein Herd, aus den Bauklötzen wird Gemüse – und die Eltern müssen nicht einmal etwas dabei tun. Das Kind ist geistig soweit, dass es sich Geschichten ausdenken kann und es brennt darauf, diese nachzuspielen, mit was auch immer.

Ich sah ihm eine Weile zu und freute mich über die angenehmen Aussichten. Womöglich würde ich bald wieder in Ruhe Zeitung lesen können, während er aus Kastanien, Zahnstochern und Eisstielen Hagenbeck nachbaute, oder was immer ihm gerade einfallen würde. Man kann es natürlich meistens gar nicht erkennen, was die Kinder da bauen, der eigentliche Inhalt ist von der Realität so weit entfernt, dass er sich oft nur dem Erbauer selbst erschließt. Kann man ja nicht ahnen, dass das Herbstlaub gerade als Geldschein herhalten muss oder dass Mamas Stiefel gerade eine Mikrowelle sind. Oder ein Bärenkäfig.

„Na, mein Sohn", sagte ich schließlich zu dem Kind, das da vor unseren Füßen immer weiter hochkonzentriert mit den Töpfen und Pfannen hantierte und also wahrscheinlich irgendetwas mit Lebensmitteln imaginierte, „kochst du uns ein leckeres Abendessen?" Kinder mögen es in der Regel sehr gern, wenn man auf ihre Fantasiespiele möglichst ernsthaft eingeht, das kann man in jedem Erziehungsratgeber nachlesen.

Sohn I guckte mich irritiert an, sah dann auf das Geschirr vor seinen Füßen und sagte schließlich: „Nein. Ich stapel Bauklötze in einen Topf. Hier ist sonst nix zum Spielen".

Junge Liebe

Sohn I hing in einem Klettergerüst auf dem großen Spielplatz in Hagenbecks Tierpark. Obwohl er normalerweise turnte wie ein Affe, ließ er sich auf diesem stählernen Elefanten nur lustlos baumeln und guckte genervt den anderen beiden kleinen Jungs zu, die gerade ungeschickt unter ihm herumkletterten.

„Was ist los", fragte ich ihn, „heute keine Kletterstimmung? Oder ist das hier etwa zu hoch für dich?" Bei Kleinkindern kommt man manchmal noch mit den albernsten Motivationsstrategien zum Erfolg. „Nein", sagte er ernst und sah sich von da oben sinnend auf dem Spielplatz um, „warte ich nur auf mehr Mädchen." Und er hing dort wie ein stoischer Orang-Utan und guckte und guckte. Und bewegte sich erst dann weiter fort, als endlich drei kleine Mädchen johlend am Klettergerüst ankamen, auf die unteren Streben stiegen und zu ihm nach oben sahen. Dann allerdings wurde er auf einmal sehr beweglich.

Ich kann mittlerweile in einem Satz zusammenfassen, was mich in meiner Zeit als Vater bisher am meisten überrascht hat – es fängt alles, wirklich alles, viel früher an, als ich dachte. Auch das Flirtverhalten, auch die Spannung zwischen den Geschlechtern.

Auf die ersten Liebesdramen mussten wir nicht sehr lange warten. Als Sohn I etwa zweieinhalb Jahre alt war, konnten wir es gar nicht mehr übersehen. Diese zaghaften ersten Küsse, dieses liebevolle Strubbeln durch das Haar, das zunächst flüchtige, eher beiläufige Umarmen, das ganz langsame Steigern hin zum stürmischen Knutschen. Viele kleine Zeichen, alles über etliche Wochen ausgedehnt. Man hat ja Zeit, wenn man so jung und jeder Kuss eine spektakuläre Erfahrung ist. Wir haben das gerne gesehen, wie er sie zum ersten Mal auf den Schoß nahm, voller Stolz, dass er sie überhaupt halten konnte. Wie seine Augen leuchteten, wenn sie ins Zimmer kam, wie sie in seine Arme lief und wie die beiden sich zur Wahrung der Intimsphäre in eine versteckte Ecke des Raumes hinter einen Vorhang zurückzogen, währen der Rest der Kindergartengruppe woanders johlend herumtobte.

Das war schon alles sehr vielversprechend und ich zog daher schon einmal Erkundigungen ein. Als Vater ist man natürlich daran interessiert, mit wem man sich familiär einlässt. „Sohn", sagte ich, nachdem ich ein wenig mehr über ihre Familie wußte, „das ist eine gute Wahl, ihre Eltern haben ein Restaurant. Jetzt dranbleiben." Er sah mich an und nickte lächelnd. Die Zukunft von Sohn I schien mir vielversprechend. Und die Aussicht auf einen späteren kostenlosen Mittagstisch im Restaurant der künftigen Schwiegertochter schien mir in Zeiten knapper Renten immerhin ein starkes Argument, um diese Beziehung nachdrücklich zu fördern. Wenn man schon finanziell nicht gerade weit voraus geplant hat, muss man es eben in anderen Lebensbereichen nachholen.

Es hätte so nett sein können – hätte, hätte. Aber als seine Kindergartenfreundin eines Tages im fortgeschrittenen Liebeswahn alle brandneuen Piraten-Tattoos von seinen Armen leckte, zweifelte Sohn I plötzlich doch an der Tragfähigkeit der Beziehung. Er warf ihr eine zu starke Fixierung auf die körperlichen Aspekte der Liebe vor, drückte das aber etwas schlichter aus: „Will sie immer nur küssen."

Er dagegen wollte sich um die ernste Angelegenheiten des Lebens kümmern, etwa darum, einen wirklich hohen Turm aus Bauklötzen zu errichten. Wenn man dabei dauernd geküsst wird, dann fällt der Turm um, das hätte eigentlich auch der kleinen Schönheit einleuchten müssen. Aber nein. Sie musste ja unbedingt weiter mit schmachtendem Blick genau dort stehen, wo das Fundament des wirklich hohen Turmes hätte liegen sollen.

Eine Kindergärtnerin berichtete uns bald von einer ernsthaften Beziehungskrise zwischen den beiden. Der Sohn begann, sich ungeniert direkt vor den Augen der vormals Angebeteten nach anderen Mädchen umzusehen und hatte, soweit wir das beurteilen konnten, mehrere Techtelmechtel schnell hintereinander, wobei er allerdings verblüffend sorgsam darauf achtete, seinem besten Freund nicht in die Quere zu kommen, der sich gerade in einer ähnlichen Phase befand. Wenn die beiden zusammensaßen und man sie nach ihren Freundinnen fragte, stimmten sie sich erst flüsternd ab, nickten sich verschwörerisch zu und rückten dann erst mit zwei Mädchennamen heraus. Eine wilde Zeit.

Kinder sind allerdings in ihren wechselnden Stimmungen schneller als Erwachsene, und wenn man nicht ganz genau aufpasst, kommt man leicht nicht mehr mit. So ging es einigen Kindergärtnerinnen, und so ging es auch der Mutter der ersten großen Liebe des Sohnes, so ging es sogar der Herzdame und auch der Mutter vom besten Kumpel des Sohnes. Sie alle blieben in Gedanken und Worten bei dem ersten Mädchen hängen und nannten, wenn es um Freundinnen ging, immer wieder reflexmäßig ihren Namen. Wenn man die Kleine auf der Straße sah, riefen sie „ah, da ist ja deine kleine Freundin!“ Wenn Sohn I in den Kindergarten kam und sie schon da war, dann hieß es „deine Freundin ist schon da, du kannst gleich mal zu ihr laufen.“ Ob es nun der Druck der sturen Erwachsenenmeinung war, ob es eine Art von Gehirnwäsche durch permanentes Erwähnen war oder ob die alte Liebe tatsächlich noch einmal aufflammte, das wird man natürlich nie erfahren.

Aber nach wenigen Wochen schwenkte Sohn I tatsächlich wieder um und widmete sich wieder der ersten Eroberung. Er wirkte jetzt etwas weniger begeistert, aber doch sehr willfährig. Er platzte nicht gerade vor Begeisterung, aber er wusste doch, wo sein Platz war. Er wollte immer noch gerne sehr hohe Türme bauen, aber wenn er vorher erst küssen musste, dann tat er das auch. Fast könnte man auf den Gedanken kommen, die erste Kindergartenliebe würde etwas über das spätere Verhalten als Ehemann aussagen, als wäre die erste Liebe ein Prolog zu allen Erfahrungen, die noch kommen sollen, ein Prolog, in dem das Hauptmotiv schon sachte angestimmt wird, man kennt das aus Symphonien und auch aus der Weltliteratur. Die kleine Schönheit hatte übrigens sehr gelassen auf die Rückkehr von Sohn I gewartet. Sie hatte zugesehen, wie er mit anderen Mädchen spielte und stumm den Kopf geschüttelt. Vielleicht haben Kleinkinder intuitiv schon das ganze Repertoire an Verhaltensmustern in Beziehungen parat, das die Eltern oder wer weiß wie viele Generationen vor ihnen bereits durchlebt haben.

Vielleicht wissen Mädchen aber auch einfach von Geburt an, dass sie immer gewinnen werden.

Vollkorn-Spezial

Morgens auf dem Weg zur Kita. Sohn I ritt auf meinen Schultern, Sohn II, seit gerade zwei Wochen auch für ein paar Stunden täglich in der Krippe, rasselte vergnügt im Kinderwagen unter der durchsichtigen Plastikabdeckung. Wir schoben durch den Regen. Wenn ich irgendwann an diese frühen Kinderjahre zurückdenken werde, wird es immer geregnet haben, und das geht nicht nur mir so. In der Erinnerung aller Eltern wird es immer geregnet haben, als die Kinder klein waren. Das liegt daran, dass man ganze Monate seiner Lebenszeit damit zubringt, strampelnde, unwillige, brüllende Kleinkinder regenfest unter Gummi und Plastik zu verstauen. Das gilt zumindest, wenn man in Hamburg wohnt. Wenn man zwei Kinder und sich selbst an einem Regenmorgen anzieht, kommt man auf über 30 Kleidungsstücke, es ist eigentlich ein Wunder, dass man überhaupt jemals die Wohnung verlässt, bevor die Kinder endlich alt genug sind, sich selbst anzuziehen.

„Zum Bioladen!" dirigierte Sohn I und zeigte energisch die Richtung an, die ich zu gehen hatte. Auch so ein Wort, das ich mit drei Jahren ganz gewiss noch nicht kannte, dachte ich. Bio gab es damals nur in Verbindung mit dem Biologie-Unterricht, und selbst den lernte ich erst mit zehn oder elf Jahren kennen. Was möchtest du denn beim Bioladen, fragte ich ihn, obwohl wir da jeden Morgen hingingen und er natürlich jeden Morgen das Gleiche haben wollte. Aber Rituale müssen sein, wenn man Kinder erzieht, Rituale geben Halt. Ein Rosinenbrötchen, sagte er. Er rannte ein Stück vor und stürmte in den Laden. Er zeigte auf die Rosinenbrötchen und begann mit dem Verkäufer die allmorgendliche Diskussion, welches von den Brötchen in dem übervollen Korb der Auslage das richtige sein könnte. Keinesfalls war er bereit, einfach irgendeines zu nehmen, nur sehr unbedarfte Erwachsene konnten annehmen, dass all diese Brötchen wirklich gleich seien. Dabei sah man doch sofort, dass die Rosinen auf allen Brötchen ganz verschieden angeordnet waren, und selbstverständlich gab es gute und schlechte Rosinenmuster. Ich wartete ab, bis sich der Verkäufer durch seine heikle diplomatische Mission gehangelt hatte und endlich ein zufriedenstellendes Brötchen in der Tüte landete. Sohn I nahm das Brötchen entgegen und guckte skeptisch in die Tüte, man weiß schließlich nie, ob man nicht doch noch im letzten Moment hereingelegt wird. „Gib deinem Bruder etwas ab", ermahnte ich ihn. Er nickte beflissen und puhlte mit spitzen Fingern einen winzigen Rosinentrümmer aus dem Brötchen, den er huldvoll dem Kleinen überreichte.

„Und für mich ein Vollkorn-Spezial", sagte ich und wartete, dass der Verkäufer mir auch meine Tüte gab. Ich steckte sie ein, um das Brötchen später zu essen, genau genommen auf dem Rückweg von der Kita. Dann nahm ich Sohn I wieder auf die Schultern und ging aus dem Laden.

„Kein Rosinenbrötchen für dich?", fragte Sohn I ungläubig. Auch das ein Dialog, den wir jeden Morgen in ähnlicher Form führten. „Nein", sagte ich im Pädagogentonfall, „man kann nicht immer nur Süßes essen. Vollkornbrötchen sind gesund, machen tolle Zähne und super Verdauung. Solltest du auch einmal essen. Die sind viel besser als dein Zuckerzeug." Sohn I biss in sein Rosinenbrötchen, kaute und sagte nichts mehr. Leise rieselten mir die Krümel um die Ohren. „Denk mal drüber nach", sagte ich väterlich wohlmeinend und schob den Wagen weiter durch den ewigen Regen.

Es war natürlich ein Fehler gewesen, die Rosinenbrötchen am Morgen überhaupt jemals zu erlauben, aber die Tradition hatte sich irgendwann festgefahren und es schien nicht eben einfach, sie mit friedlichen Mitteln wieder zu beenden. Gelegentlich testete ich, wie der Sohn auf gesundheitliche Argumente reagierte, immerhin war er in seinen Rollenspielen gerade am liebsten Arzt. Leider schien es aber keine Verbindung zwischen seinen Heilkünsten und seiner eigenen Ernährung zu geben, er verhielt sich schon ganz so, wie es auch die meisten Menschen in diesem Berufsstand tun.

Ich brachte die beiden Kinder zum Kindergarten, zog ihnen Unmengen an Plastik-Kleidungsstücken aus, verstaute den Kinderwagen im Keller und ging durch den nächsten Regenschauer wieder nach Hause. Dort erst aß ich ganz in Ruhe mein eigenes Brötchen. Und hoffte dabei im Stillen, dass es noch eine ganze Weile dauern würde, bis Sohn I dahinter kommen würde, dass „Vollkorn-Spezial“ ein zwischen dem Verkäufer und mir vereinbartes Codewort für ein Schokobrötchen war.

Auch Erwachsene brauchen schließlich ihre Rituale.

Mädchen

Nach dem Sohn I nahezu drei und Sohn II nahezu ein Jahr alt war, fühlte ich mich als Vater einigermaßen durchtrainiert. Ich hatte Erfahrung mit schwierigen Situationen gesammelt, ich hatte unter allen nur denkbaren Umständen Babys gewickelt. Ich kannte den Weg zum Kinderkrankenhaus und zur Notfallpraxis, ich kannte die ersten Anzeichen für die meisten Kinderkrankheiten und konnte Fieber auf ein halbes Grad genau mit der Hand erfühlen. Ich konnte die Jungs ernähren, kleiden und bespielen.

Ich kam ganz gut durch den Alltag. Die beiden Jungs hatten jeder einen besten Freund, die Kinder waren daher oft genug zu viert, es gab genug Gelegenheiten, reichlich Erfahrungen mit Kindern zu sammeln. Übermüdete Kinder, hungrige Kinder, durstige Kinder, frierende Kinder. Trotzanfälle, Unfälle, Wespenstiche, geplatzte Windeln, Beulen, blutige Nasen, Finger, die in Schubladen klemmten – alles kein Thema. Lassen sie mich durch, ich bin Vater. Ich war fast geneigt, mich als halbwegs souverän zu betrachten, wenn ich an die Hege und Pflege von Kindern dachte. Bis zu jenem Abend, an dem ich auf ein Mädchen aufpassen sollte.

Ein Nachbar bat uns, ein paar Stunden auf seine dreijährige Tochter aufzupassen. Fein, dachte ich, Horizonterweiterung, heute mal ein Mädchen, ich sehe so etwas ja durchaus ambitioniert. Wer immer strebend sich bemüht, man kennt das. Ich holte die Kleine ab. Obwohl sie im Nebenhaus wohnte, bestand sie darauf, die fünf Meter bis zu unserer Haustür auf dem Laufrad zu fahren. Natürlich fährt so ein Kind heutzutage keinen einzigen Zentimeter, ohne einen Helm aufzuhaben. Und man muss als Erwachsener nicht glauben, man könnte ein Kind mal eben zu einem kleinen, sehr dezenten Fehlverhalten animieren, weil eine Strecke von fünf Metern nun wirklich albern ist. Kinder kennen sich mit Prinzipien sehr gut aus. Madame stand schmollend vor mir und weigerte sich, ihr Laufrad ohne Helm auf dem Kopf auch nur anzufassen. Super, dachte ich, das fängt ja erstklassig an.

Ich hockte mich also vor die kleine Verkehrsordnungsstreberin, die mir ihren Helm demonstrativ entgegen hielt. Ich setzte ihr das Ding auf und klickte den Verschluss zusammen, dabei dachte ich noch, wie gut, dass ich selbst Kinder habe, sonst wüsste ich wahrscheinlich nicht einmal, wie so ein alberner Verschlussmechanismus funktioniert. Ich zog die Strippen unter dem Kinderkinn stramm und sah dann überrascht auf die Tränen, die über die Wangen der Kleinen liefen.

„Was ist denn nun los?“, fragte ich. „Der Helm passt nicht“, sagte das Mädchen wimmernd, „der tut mir weh.“

„Nanu“, sagte ich und löste die Riemen wieder. Ich nahm den Helm ab und lockerte das Innenleben, ich drehte an dem Verstellrad für den inneren Rand, bis er die maximale Umfangausdehnung hatte, ich machte sicherheitshalber auch noch die Riemen etwas länger. An so einem Kinderfahrradhelm kann man verblüffend viel verstellen. Der Helm war jetzt für mein Gefühl so eingestellt, dass er Sohn I, der einen ziemlich großen Kopf hat, beim Fahren wahrscheinlich runtergefallen wäre. Die Nachbarstochter hatte einen eher schmalen Kopf. „Jetzt“, sagte ich, „jetzt passt alles bestimmt.“

Ich setzte ihr den Helm wieder auf, ich drückte ihn vorsichtig fest, jetzt bloß keine falsche Bewegung, Kinder werden bei so etwas leicht hysterisch, besonders fremde Kinder. Die Vorstellung, mit einem wild kreischenden fremden Kind auf der Straße zu stehen war mir nicht eben angenehm. „Passt nicht“, sagte die Kleine energisch und sah mich böse an. „Ja wie, passt nicht?“, frage ich, „das ist doch dein Helm?“

„Ja“, sagt die Kleine sehr empört, „natürlich! Meiner!“

Dann muss der auch passen, dachte ich und drückte oben vorsichtig noch etwas mehr drauf. Das Kind protestierte vehement und wies in bedenklich hoher Stimmlage darauf hin, dass der Helm jetzt sogar sehr wehtun würde. Wirklich doll. Ich nahm den Helm wieder ab und machte alle Gurte daran so weit, wir sie nur sein konnten. Das Kind setzt den Helm wieder auf, die Kinngurte schlabberten jetzt auf Brusthöhe herum, das Kind sagte: „Zu eng! Tut weh!“ Es verschränkte die Arme vor dem Körper und guckte unfassbar finster.

Ich nahm ihr den Helm ab. Ich sah mir den Helm sehr genau an. Vielleicht konnte man innen noch etwas verstellen. Ich war kein Anfänger, ich habe Sohn I jeden Morgen seinen Fahrradhelm aufgesetzt, ich wusste durchaus, was zu tun war. Dieser Helm hier war zwar rosafarben und mit glitzernden Prinzessinnenbildchen verziert, im Prinzip war es aber das gleiche Modell wie der Helm vom Sohn. Alle Einstellungen stimmten. Ich dachte nach.

Dann sah ich mir sicherheitshalber auch den Kopf des Mädchens genau an. Ich hatte plötzlich einen Verdacht. Das Kind beugte den Kopf nach unten, scharrte mit den Füßen und murmelte vorwurfsvoll: „Bei meinem Papa tut das nicht weh“. Ich folgte meiner Ahnung, tastete mich durch die langen Haare des Kindes und entferne dann mit spitzen Fingern einen Hello-Kitty-Haarreif, sechs bunte Haargummis, sieben pinkfarbene, drei rote und fünf bunt glitzernde Haarspangen aus der Frisur des Kindes. Der Helm passte.

„Da muss man aber ganz schön umdenken, mit so einem Mädchen“, sagte ich der Herzdame, die sich bereits sehr wunderte, wo wir solange blieben.

Morgens

Als Sohn I annähernd drei Jahre alt war, wurde er zu einem kleinen Morgenmuffel, der es absolut nicht mehr amüsant fand, aus dem Bett geworfen zu werden, um in den Kindergarten zu gehen. Er wäre lieber noch liegengeblieben und starrte missmutig auf die umtriebig erwachte Restfamilie, die um ihn herum durch die Wohnung toste. Ich bin ein Frühaufsteher und habe es in den Jahren vor dieser Wandlung sehr genossen, dass wenigstens der Sohn mit mir gutgelaunt aus dem Bett stieg, wenn schon die Herzdame missmutig und stöhnend liegenblieb und sich die Decke über den Kopf zog. Ich war daher sehr froh, dass wir nun einen zweiten Sohn im Babyalter parat hatten, der begeistert auf meine ersten morgendlichen Regungen wartete und mit mir gemeinsam fröhlich aufstand. Ich war auch beim zweiten Sohn wieder sehr beeindruckt und hingerissen von der guten Laune, die Babys schon eine Sekunde nach dem Aufwachen haben können.

Sohn II machte morgens die Augen auf, blickte interessiert in die gerade zurückweichende Dunkelheit und kreischte schon vor Vergnügen, einfach weil es hell wurde. Man stupste ihn leicht in die Wange und erzeugte wilde Begeisterungsstürme. Man schnipste auf dem Weg zum Bad mit den Fingern und wurde angesehen, als wäre man ein Percussion-Gott. Man sang mit morgenrostiger Stimme ein beliebiges Liedchen und wurde angehimmelt, als wäre man der wiedergeborene Pavarotti. Dann guckte das Kind die Wand an und strahlte ob der Vielfältigkeit der lustigen kleinen Hubbel auf der weißen Raufaser. Raufaser anzulächeln, das ist eine Fähigkeit, welche die meisten Menschen als Erwachsene recht gründlich verlernen. Der Sohn guckte auf den Teppich und beäugte mit amüsiertem Interesse herumliegende Krümel von allen Seiten. Er hob die Füße ins Blickfeld und untersucht in heller Freude die Beweglichkeit der Zehen. Er rollte sich zur Seite und geriet völlig außer sich, weil da ganz überraschend die großartige, wenn auch schlafende Herzdame in sein Blickfeld geriet.

Wie trübe wir Erwachsenen dagegen aus dem Bett steigen, oft schon mit einem missmutigen Stöhnen auf der Bettkante, mit einem Knurren auf dem Weg ins Bad, mit einem Ächzen vor dem dort hängenden Spiegel. Könnte man doch noch einmal so gut gelaunt aufwachen, wie es ein Baby kann! Könnte man doch einmal wieder so enthusiastisch einen Tag begrüßen! Könnte man doch so heiter wie ein ausgeschlafener Säugling ins Büro gehen und dort zwei Stunden lang nichts als Spuckebläschen machen! Na gut, der letzte Punkt ist vielleicht noch zu diskutieren.

Die befremdlich gute Laune, mit der Babys in den Tag starten, wird mit hoher Wahrscheinlichkeit aus den körperlichen Übungen resultieren, mit denen der Nachwuchs sofort nach dem Öffnen der Augen beginnt. Ich habe das lange und genau beobachtet und festgestellt, dass die Stimmung mit jeder Bewegung deutlich steigt. Ich nehme an, dass es sich dabei um eine ganz natürliche, angeborene Verhaltensweise handelt, die wir nur alle im Laufe des Lebens bedauerlicherweise verlernen. Wir fangen den Tag als Kleinkind alle lachend an und werden dann irgendwie zu jenen trüben Gestalten, die uns morgens vor acht in der S-Bahn begegnen. In Bezug auf den frühen Morgen sind wir anscheinend alle Verlierer, die Kinder aber noch nicht. Aber warum sollte man sich das Morgenglück nicht zurückerobern können? Bestimmt wären wir alle vergnügter und gelassener, wenn wir dieses Tagesanfangsstimmung nicht schon irgendwann in der frühen Kindheit aufgegeben hätten. Man müsste wohl dranbleiben oder zumindest wieder damit anfangen, genau wie ein Kind den Tag zu beginnen, um die großartige Laune durch das ganze Leben zu bewahren.

Wenn Sie also an überwältigender Fröhlichkeit noch vor Sonnenaufgang interessiert sind, machen Sie es daher einfach wie Sohn I oder Sohn II im Babyalter. Halten Sie sich an den folgenden leichten Übungsplan, den ich nach wochenlanger Beobachtung konzipiert habe und der das Verhalten des Babys leicht nachvollziehbar zu simplen Übungen zusammenfasst. Sie können die Übungen komfortabel und bequem noch im Bett absolvieren:

Heben Sie zuerst Ihre Mundwinkel, bis sie deutlich oberhalb der Nasenflügel enden.

Machen Sie zwanzig bis dreißig Sit-ups, wozu Sie bitte „Ra! Ra!“ in möglichst hoher Stimmlage rufen.

Wenn Sie das Bett mit jemandem teilen, stecken Sie dieser Person dabei einen Finger in das Ihnen zugewandte Ohr.

Drehen Sie sich solange um Ihre Längsachse, bis Sie das Bett in der ganzen Länge durchquert haben. Drehen Sie dann wieder zurück, danach noch einmal und dann wieder.

Setzen Sie sich aufrecht und breitbeinig hin, fixieren Sie einen beliebigen Punkt etwa einen halben Meter vor Ihnen und lassen Sie sich darauf zu nach vorne auf das Gesicht fallen. Murmeln Sie “Güllegüllegülle” in das Laken.

Heben Sie langsam Ihren Po, so hoch es nur geht und trommeln Sie dabei möglichst enthusiastisch mit den Händen auf das Bett.

Drehen Sie sich dann wieder auf den Rücken, nehmen Sie Ihre Füße in die Hand und beißen Sie sich zärtlich aber bestimmt nacheinander in jeden Zeh.

Das sollte reichen. Mit diesem überschaubaren Programm wird mit ziemlicher Sicherheit jeder Tag Ihr Freund werden – probieren Sie es einfach aus!

Dialog bei Sonnenuntergang

„Vermissen Sie etwas?“

„Ja, einen roten Fisch.“

„Groß?“

„Geht so.“

„Den da hinten vielleicht?“

„Nein, mehr so ein mittleres Hellrot.“

„Dann den da?“

„Das ist doch eine Krabbe.“

„Ach so, ja. Natürlich.“

„Was suchen Sie denn eigentlich?“

„Ein Äpfelchen. Blau.“

„Da hinten lag gerade ein grünes.“

„Ja, aber das ist es nicht. Muss blau sein. Also nicht meinetwegen, versteht sich.“

„Ja, versteht sich. Wehe man bringt irgendwas.“

„Vollkommen undenkbar.“

„Fischlein, wo bist du ...“

„Ohne Apfel komme ich hier heute nicht weg.“

Manche Menschen gehen ins Theater und gucken Stücke von Beckett, wenn Sie absurde Dialoge hören wollen.

Andere Menschen hören einfach nur zu, wenn am frühen Abend die letzten Erwachsenen auf dem Spielplatz im Sandkasten nach den verlorenen Lieblingsförmchen ihrer Kinder suchen.

Parallelen

Es war sehr früh am Morgen, Sohn I stand vor mir und verlangte dringend nach Wlassas. Ich hatte nicht die leiseste Ahnung, worum es sich bei Wlassas handeln konnte. Ich bat ihn, den Schnuller aus dem Mund zu nehmen und deutlicher zu reden, er warf ihn ärgerlich weg und wiederholte ungeduldig: „Wlassas". Genau genommen sagte er eher „WLASSAS!", offensichtlich braucht er das Zeug sehr dringend. Die dazugerufene Herzdame wusste auch nicht, worum es sich handeln konnte, vielleicht ein neues Wort aus dem Kindergarten. Es kam öfter vor, dass der Sohn mit neuen Begriffen aus dem Kindergarten nach Hause kam und wir wochenlang herumrätselten, was er wohl meinen konnte. So brauchten wir zum Beispiel mehrere schwere Tage, bis wir dahinterkamen, was der Sohn mit den Krevellen meinte, die er so gerne essen wollte. Tränen in der Küche, verstockte Eltern, denen man das Wort noch so oft entgegen brüllen konnte, es half nichts. Bis eine Nachbarin im Treppenhaus endlich die Erleuchtung hatte: Frikadellen. Ganz einfach. Sicher würde es bei Wlassas auch so eine simple Erklärung geben.

Wir baten den Sohn, uns Wlassas zu zeigen, er zeigte vage in die Richtung des Kinderzimmerschranks. „Toll", sagte ich, „da sind etwa zehntausend Sachen drin, das wird ein Spaß." Der Sohn verfärbte sich rötlich und weinte, die Lieferung dauerte ihm zu lange. Seine kleinen Fäuste waren geballt, es war ganz offensichtlich ein Ding der Unmöglichkeit, ihm Wlassas noch länger vorzuenthalten. Wir starteten die Versuchsreihe am Schrank. Ich hob einen Gegenstand hoch und warte auf sein geschluchztes Nein. Dann hob ich den nächsten Gegenstand hoch.

Während er den Kopf schüttelte, spritzen die Tränchen wie im Comic aus seinen Augen nach beiden Seiten.

Nach einer Weile hatten wir die in der Tat ganz einfache Lösung: Pflaster. Logisch, nicht wahr, Wlassas, Pflaster, wenn man es weiß, dann ist alles ganz klar und naheliegend, Eltern sein kann wirklich jeder. Er wollte ein Pflaster mit Bären drauf, um den vollkommen gesunden Finger, es ging nur um Dekoration. Wenn man ein Kleinkind ist, können Dekorationsfragen die Tagesform in einer Weise entscheiden, die man sonst höchstens von erwachsenen Frauen kennt, die morgens vor dem Schuhschrank grübeln. Ein Pflaster also, gar kein Problem, mein Herz, aber gern.

Ich brachte den immer noch schluchzenden Sohn in den Kindergarten, wo er das Pflaster umgehend der Erzieherin entgegenhielt und anklagend auf mich zeigte. Die Erzieherin sah mich fragend an. „Wollte er mir keins geben", sagte der Sohn. Die Erzieherin sah mich jetzt sehr interessiert an, sie fand die Begründung, warum man einem Kind ein Pflaster verweigerte, offensichtlich spannend. „Ich kann alles erklären", sagte ich, „aber nicht jetzt."

Ich ging ins Büro, schon etliche S-Bahnen später als sonst. Ich fuhr meinen Computer hoch und warf einen Blick auf die Berechnungen, bei denen ich am Vortag stehengeblieben war. Eine schwierige Angelegenheit, aber durch reine Logik zu lösen. Nicht durch Raten, nicht durch Intuition, einfach durch Arbeit und Mathematik. Geradeaus und durch. Manchmal mochte ich meinen Beruf.

Eine Kollegin steckt den Kopf durch die Tür und fragte: „Hast du Dschadscha?" Ich guckte sie entgeistert an. Sie hatte keinen Schnuller im Mund. Sie wirkte nicht so, als würde sie Spaß machen. Sie war mir als zurechnungsfähig bekannt, seit vielen Jahren schon. Dschadscha. Ihr

Blick war auf meinen Büroschrank gerichtet. Toll, dachte ich, da kann ich ja schon wieder alle Gegenstände einmal hochhalten, bis Dschadscha dabei ist. Ich kam mir vor wie in einem Psychoexperiment. Als nächstes würde mein Chef kommen und mich bitten, Flummbumm zu machen, meine Reaktionen würden dabei wahrscheinlich gefilmt und dann in einem Personalgespräch ausgewertet.

Ich fragte lieber noch einmal nach: „Dschadscha?" „Ja", sagte die Kollegin, „ich habe meinen vergessen". Ich überlegte kurz, ob ich ihr stattdessen ein Wlassas anbieten sollte, verwarf den Gedanken aber wieder. Ich ging zum Büroschrank, machte ihn auf und trat einen Schritt zur Seite. „Danke", sagt die Kollegin, trat vor und griff nach dem Ladekabel für das Notebook. Ladekabel, natürlich, im Englischen Charger. Charger, Dschadscha, auch das ganz einfach, wenn man es denn weiß.

Gar kein Problem, aber gern. Jederzeit wieder. Wenn sie etwas von mir wollen, reden Sie bitte langsam mit mir. Irgendwann verstehe ich Sie.

Romeo & Julia

Sie kamen, wenn sich der Spielplatz allmählich leerte, zwischen sechs und sieben. Die Eltern an der Sandkiste sammelten die Kleinen ein und redeten von Abendessen und Bett, die Kinder trotteten lustlos und protestierend hinterher, die Schaufel unter den Arm geklemmt, mit dreckigen Fingern und Sand in den Schuhen, aber all das kriegten die beiden kaum mit. Sie drückten sich ein wenig schüchtern am Rand des Platzes auf den Bänken herum, saßen da und warten. Wenn ein Kind zu ihnen lief, seinen Ball zeigte oder nur schnell einmal guckte, ob sie vielleicht Kekse dabei hatten, stießen sie sich mit den Ellbogen an und lachten unsicher. Für eigene Kinder waren sie noch zu jung.

Sie saßen ganz dicht nebeneinander, berührten sich aber nicht. Er trug eine lächerlich kleine Kappe hoch auf dem Haar, ein strahlend weißes Sweatshirt, unförmige Sportschuhe mit offenen Schnürsenkeln und breiten Goldschmuck an den Armen. Sie trug Jeans, die so eng waren, dass sie wahrscheinlich Stunden brauchte, um sich anzuziehen. Pinkfarbenes Top. Handtäschchen mit viel Glitzer und Gefunkel. Goldener Modeschmuck in den Ohren, riesige Kreolen. Er telefonierte, sicher mit seinen Freunden, seinen Kumpels, seiner Gang. Seine Hände fuchtelten durch die Luft, betont coole Gesten, die Arme holten weit aus. Er lachte zu laut, er saß jetzt breitbeinig, er sah nach dem Mädchen, ob es auch beeindruckt war. Das Mädchen guckte in einen Taschenspiegel, zog die Lippen nach und sah genervt aus. Er steckte sein Handy weg, sie hielten ein wenig Händchen, sehr dezent, es war kaum zu sehen, die Hände lagen auf der Bank. Von der Kirchturmuhr schlug es sieben, die letzten Mütter schoben mit ihren Buggys vom Platz, die Kinder weinten vor Müdigkeit und Hunger.

Er sah so albern aus, wie man als pubertierender Junge nur aussehen konnte, nichts als unsortiertes Wachstum, Pickel und überdimensionierte Lässigkeit. Sie war aufgedonnert wie die Schaufensterpuppe in einer Parfümerie, und wahrscheinlich duftete sie auch so. Er war ein strahlender Held, und sie war eine Offenbarung, versteht sich.

Sie kamen jeden Abend. Bestimmt durften sie da, wo sie wohnten, ein paar Straßen weiter vermutlich, nicht zusammen gesehen werden. Vielleicht war er Türke und sie Afghanin, wer weiß, vielleicht gehörten sie zu verschiedenen Glaubensrichtungen, vielleicht war es aus anderen, ganz banalen Gründen geheim, dass sie sich trafen, vielleicht hatten sie auch einfach nur keine eigenen Zimmer. Sie saßen unter dem Flieder und warteten, ausgerechnet unter dem Flieder. Wenn alle gegangen waren – und immer erst dann – legte er seinen Arm um sie, nachdem er sich vorsichtig umgesehen hatte. Ringsum standen die Nachbarn genau wie ich gelegentlich an den Fenstern und sahen auf den Spielplatz hinunter, während die kleinen Kinder drinnen Abendbrot aßen oder schon zu Bett gebracht wurden. Die beiden da unten kuschelten jetzt ein wenig. Dann zum ersten Mal ein langer Kuss, sie haben beide sehr gekichert hinterher und er musste danach auch sofort wieder telefonieren. Aber doch ein Kuss, mehrere Sekunden.

Oben die Köpfe zusammen, unten die Hände, die nicht wussten, wo sie hinsollten, sich kurz hielten, dann wieder losließen, auf die Knie sanken, dann fasste er ihr ins Haar und für einen Augenblick wirkte er älter und sicherer, fast wie ein Lover im Film, wie er da ihren Kopf so ganz leicht nach hinten bog, das hatte er sicher schon tausendmal irgendwo gesehen, was schafft man schon ohne Vorbilder.

Ich stand am Fenster und sagte zu der Herzdame, “guck mal, jetzt kriegt er endlich die Kurve”. Sie sah nach unten und sagte, dass es auch nicht mehr mit anzusehen gewesen sei. Und wenn die Nachbarn in den Häusern rings um dem Spielplatz jetzt alle auf die Balkone getreten wären, um den beiden da unten zuzuklatschen, es hätte mich auch nicht weiter gewundert. Ein ziemlich altes Stück, das da aufgeführt wurde, natürlich. Aber doch immer wieder mit schönen Momenten.

„Oh Romeo, Romeo, warum bist du Romeo? Verleugne deinen Vater und entsage deinem Namen; oder willst du nicht, so schwöre mir nur deine Liebe, und ich will keine Capulet mehr sein.“ William Shakespeare, Romeo und Julia

Husch, Husch

Der Wecker klingelte, es war sechs Uhr morgens. Im Bruchteil einer Sekunde hatte ich den Wecker ausgeschaltet, mein Arm schnellte unter der Bettdecke vor wie eine Kobra beim Angriff. Ein paar Sekunden lang blieb ich reglos liegen und lauschte in die Dunkelheit. Ich war tatsächlich schnell genug gewesen, beide Kinder schliefen weiter. Sohn II drehte sich murmelnd um, aber sein Atem wurde schon nach kurzer Zeit wieder ruhiger. Die Herzdame und ich glitten lautlos wie Schatten aus dem Bett, jetzt bloß kein Geräusch machen, wenn die Kinder aufwachen, dann schaffen wir gar nichts. Ich schlich barfuß in die Küche und machte Kaffee, man kann fast geräuschlos Kaffee kochen, wenn man sich Mühe gibt. Kein Glas klirrte, keine Tasse klimperte, kein Kaffeelöffel polterte zurück in die Dose. Jede Bewegung war berechnet, ich sah aus wie in einem Stummfilm. Die Herzdame huschte ins Badezimmer und duschte, der Strahl war schwach eingestellt, das Wasser fiel weich und leise auf sie, wie der morgendliche Nieselregen auf die Bäume vor dem Haus. Der Duschvorhang schloss sich hinter ihr, als würde er auf geölten Schienen laufen. Sohn I drehte sich noch einmal um, Sohn II zuckte kurz im Schlaf.

Ich zog mich an. Meine Finger rührten sanft wie vorbeifliegende Schmetterlinge an die Kommode im Schlafzimmer. Das Wasser in der Küche blubberte kochend, mit einem raubtierhaften Reaktionsvermögen hechtete ich zum Wasserkocher und schaltete ihn wieder aus. Es war 6 Uhr 20, beide Kinder schliefen. Ich sammelte meine Arbeitsunterlagen zusammen, mit spitzen Fingern schob ich Papiere zusammen, nichts raschelte, nichts knisterte. Die Herzdame saß schon am lautlos gestellten Computer, las E-Mails und beantwortete sie, ihre Hände flirrten über die Tastatur wie Ameisen über Sand.

Es war 6 Uhr 45, wir waren beide geduscht und angezogen, wir hatten beide ein paar Sachen erledigt. Mit Zeichensprache klärten wir noch eben die Verteilung der Einkäufe. Ein paar Gesten, ein Nicken. Es war 7 Uhr, die Kinder konnten jetzt auch wach werden, wir waren voll im Zeitplan.

Und Sie haben wahrscheinlich gedacht, diese unheimlichen Ninjas aus den Filmen haben alle eine Superspezialausbildung hinter sich, jahrelanges Shaolinkloster, von Jugend an bei einem Meister in der Lehre, geheime Trainingslager in den Bergen oder sonst etwas, um so katzenhaft vorwärtszukommen? Vergessen Sie's. Alle Eltern von kleinen Kindern können sich stundenlang vollkommen lautlos bewegen.

Kunst

Sohn I hielt mir einen blauen Buntstift und ein Blatt Papier hin und sagte bittend: „Pferd!"

Kandinsky, dachte ich, blaue Pferde, da war doch was. Ich kann so etwas denken, denn in Kunstgeschichte kenne ich mich halbwegs aus, während ich sonst von kaum einem Thema wirklich umfassend Ahnung habe. Ich nahm den Stift, ich dachte Pferd, ich rückte mir das Blatt zurecht.

Tatsächlich war mir in meiner späteren Kindheit und Jugend immer klar, dass ich mal Künstler werden wollte. Oder was heißt wollte, ich musste schlichtweg Künstler werden. Etwas zu zeichnen oder zu malen, das schien einfach die beste und einzig sinnvolle Beschäftigung neben dem Lesen zu sein und Lesen klang bei aller Vorstellungskraft doch nicht richtig nach Beruf. Mein Kunstlehrer am Gymnasium bescheinigte mir eine „eigene Linie", das klang für mich schon wie eine feierliche Jobgarantie.

Freunde zeigten sich früh beeindruckt von meinem Schaffen, ich zeichnete ohne Ende. Ich studierte die Großen der Vergangenheit, ich versuchte Ölfarbe, Drucktechniken, Aquarelle, Federzeichnungen, Kohle, alles, alles. Zeichnen war nicht schwer, fand ich, man musste es nur ausdauernd machen, dann ging das schon, das Üben machte sogar Spaß, das war sonst in kaum einem anderen Lebensbereich der Fall. Hätte mir damals jemand gesagt „bitte ein Pferd" hätte ich ihm zehn Versionen anbieten können, von realistisch bis Kandinsky, gar kein Problem.

Dann war ich in einem Jahr in sehr vielen Kunstausstellungen, Dali, Schmidt-Rottluff, Higashiyama, Janssen, viele wichtige Namen. Ich fuhr alle paar Wochen nach Hamburg und ging durch die Museen der großen Stadt. Und als ich vor diesen Bildern stand, dachte ich: „Nein, da kommst du nicht ran. Nie. Nicht einmal annähernd.“ Und dann habe ich es gelassen. Von heute auf morgen. Ich habe nie wieder einen Stift angefasst. Und dann Bibliothekswesen studiert. Meine letzte Zeichnung war mittlerweile ziemlich lange her, als der Sohn mit dem blauen Stift vor mir stand.

Ich dachte Pferd, ich rückte mir das Blatt zurecht. Ich wusste nicht recht, ob Zeichnen wie Fahrradfahren war. Verlernt man so etwas? Wenn man vor sehr vielen Jahren einmal toll zeichnen konnte, bleibt da etwas hängen? Oder löst es sich in Luft auf? Im Grunde meines Herzens tun mir immer noch Menschen leid, die nicht zeichnen können, das habe ich noch als Gefühl von damals behalten, obwohl ich es selbst nie wieder gemacht habe. Kunstlose Menschen, wie schrecklich. Kein Vorstellungsvermögen, keine Fantasie, keine Vision.

Ich skizzierte den Kopf, die Nüstern. Die Mähne fiel in die Stirn und wehte über den Hals, ein eleganter Schwung für den Rücken, angedeutete Beine, alles in natürlicher Bewegung, ein dynamisches Pferd. Ein Galopper in Aktion. Kein albernes Kinderpferdchen, eher die Bewegungsstudie eines Wildpferdes.

Der Sohn guckte mir interessiert über die Schulter, nickte und sagte dann anerkennend: „Monster!“ Ich arbeitete die Beine etwas deutlicher aus, Galopp zu zeichnen ist tatsächlich gar nicht so einfach.

„Na?“, fragt die Herzdame im Vorbeigehen und guckte kurz auf das Blatt, „malt ihr Hunde?“

Ich erklärte dem Sohn, dass nur im Selbermalen der wahre Weg zur Kunst zu finden sei und drückte ihm den Stift in die Hand. Er kritzelte begeistert auf dem Fußboden weiter. Ich nahm mir heimlich ein Blatt Papier und einen Kuli und setzte mich an den Schreibtisch der Herzdame. Ich zeichnete ein Pferd, einen Hund, ein Gesicht, eine Frau, ein Haus. Die Bilder sahen aus, als wäre ich, na, sagen wir sieben Jahre alt. Freundlich ausgedrückt. Ich gab mir mehr Mühe, so leicht gibt man ja nicht auf, ich konzentrierte mich und versuchte mich an damals zu erinnern, als ich noch mit einem Zeichenstift verwachsen war. Nach diesen Bemühungen sahen die Bilder aus, als wäre ich immerhin zehn Jahre alt. Zeichnen war eindeutig nicht wie Fahrradfahren. Ich warf die Blätter lieber weg, bevor der Sohn oder die Herzdame sie kommentieren konnten.

Am nächsten Tag saß ich im Kindergarten mit vielen kleinen Kindern an einem Tisch, sie spielten mit Knetgummi. Toll, dachte ich, noch ein Versuch. Kunst geht auch mit Knete, das hatten andere längst bewiesen. Ich nahm mir eine Handvoll und drückte und formte daran herum. Eine viel sinnlichere Erfahrung als das Gekritzel mit dem Bleistift, hier hatten beide Hände etwas zu tun, hier gab es etwas zu spüren. Um es nicht zu übertreiben, begann ich mit einer einfachen Übung, ich modellierte eine Maus. Da braucht man nicht lange, so eine kleine Maus ist schnell zusammengerollt.

„Ha", sagte ich, als ich mit der Tierplastik fertig war, „guckt mal, Kinder, hier!" Ich legte die Maus triumphierend auf den Tisch. Sohn I guckte mich ratlos an. „Ein Elefantenigel?" fragte die Herzdame interessiert und stupste die Knetmaus kichernd über den Tisch. Ein dreijähriges Mädchen, das mir stumm und ernst beim Kunstschaffen zugesehen hatte, nahm die Maus und drehte sie hin und her. Dann sang sie sehr laut „So sieht ne Maus nicht aus" – zur Melodie von „Ihr könnt nach Hause gehen".

Kinder, so sagt man, führen einen auch an Grenzen. Ich kann das bestätigen.

Winter

Und dann kam, was keiner mehr für möglich gehalten hätte, ein Winter, der tatsächlich einer war. Keine sechs Monate Regenzeit, wie es sonst in Hamburg üblich war, nein, ein richtiger Winter. Es schneite, und der Schnee blieb sogar liegen. Hamburg in weißer Schönheit. Die Eltern ringsum gaben sich schon bei den allerersten Schneeflöckchen begeistert, endlich konnte man den Kleinen verdeutlichen, dass es dieses seltsame Zeug aus den Bilderbüchern wirklich gab. Als es immer weiterschneite und die Temperatur wochenlang nicht stieg, war klar: dies schien ein pädagogisch wertvoller Winter zu werden. Man konnte die Jahreszeit endlich an einleuchtenden Beispielen erklären, Schlitten, Schneemänner, Schneeschippen, Schneebälle, Eiszapfen, Schlittschuhe, das ganze Programm. Eine weitere Generation in diesem Land konnte trotz des Klimawandels mit einem klassischen deutschen Winterbild aufwachsen, das fand man allgemein wunderbar. Man warf sich mit den Ballen, der Weg war uns verschneit, wie es in den alten Texten heißt, der eine oder andere wird es wohl noch aus Lesebüchern kennen. Auf der zugefrorenen Alster gingen die Hamburger von Sankt Georg nach Harvestehude, manche Arbeitswege wurden dadurch kürzer, es war ein sonderbares Jahr.

Ich zeigte Sohn I den üppigen Schnee vom Fenster aus und verkündete ihm, dass wir gleich, toll, toll, rausgehen würden. In die weiße Pracht und Herrlichkeit. Schneespaziergang! Vater und Sohn! Wie es unsere Vorfahren auch schon gemacht haben, über Generationen hinweg! Sohn I nickte freundlich aber zurückhaltend, er war zu der Zeit überhaupt ein auffallend höfliches Kind. Ich zog ihn an. Es ist unfassbar, was man einem Kleinkind alles anziehen muss, bevor man bei so einem Wetter endlich vor die Tür kann. Windel, Unterhemd, Unterhose, Body, Strumpfhose, Pullover, noch ein Pullover, Strickjacke, Schal, Mütze, Handschuhe, es nahm und nahm kein Ende. Endlich warf ich mir selbst schnell eine Jacke über und öffnete schwungvoll die Wohnungstür: „Jetzt! Wir gehen raus! In den Schnee! Toll!“

Sohn I tapste zur Türschwelle, blieb darauf stehen und sah mich griesgrämig an. Dann hob er die Schultern, zog den Kopf ein und murmelte etwas, von dem ich nichts verstehen konnte, da die Silben irgendwo zwischen Jakkenkragen, zwei Schals und den Mützenbändern verschwanden. Ich grub mit den Fingern an der Stoffschicht vor seinem Gesicht herum, legte den Mund frei und hielt mein Ohr daran. Ganz leise hörte ich: „Kei... Sch... nich raus...“

Man konnte ihn immer noch kaum verstehen, aber das, was bei mir ankam, war schon schlimm genug und verdarb mir in Sekunden die Laune. Ich kniete mich vor ihn hin, man soll mit Kindern bekanntlich immer auf Augenhöhe sein, bei wirklich ernsten Gesprächen.

„Sohn“, sagte ich, „es ist Winter. Da gehört Schnee dazu. Man kann damit spielen und so, Schnee ist toll. Eine Kindheit ohne Schnee ist in Deutschland praktisch nicht denkbar. Wir gehen jetzt raus und haben Spaß, OK? Nur wir zwei? Mein Großer?“

Der Sohn schüttelte den Kopf, biss auf seiner behandschuhten Hand herum und nuschelte: „Nich raus. Kei... Sch... zu kalt.“

Irgendetwas an seiner Haltung reizte mich. Dieses zögerliche Nichtwollen, dieses missmutige Schulternhochziehen, dieser grundlos leidende Blick. Von draußen hört man das vergnügte Jauchzen der anderen Kinder auf dem Spielplatz vor der Tür. Sie bauten Schneemänner und tollten herum, nur dieses sonderliche Exemplar von Sohn hier stand starr und missmutig im Türrahmen und schüttelte verbockt den Kopf. Ein freudloser Stubenhokker.

„Als ich Kind war", sagte ich, „da gab es im Winter noch jeden Tag Schnee! Da konnte man sich gar nicht aussuchen, ob man rausgehen wollte oder nicht! Da schneite es dauernd, tennisballgroße Flocken und die blieben immer liegen! Immer! Und wir hatten keine kuschelige Funktionskleidung, sondern nur kratzige Wollstrumpfhosen, eisige Gummistiel und ewignasse Stoffhandschuhe. Aber wir waren trotzdem immer draußen. Drinnenbleiben war gar nicht vorgesehen! Und wir sind auch nicht erfroren! Oder nur ein bisschen! Warum in Gottes Namen willst du nicht rausgehen?"

Der Sohn guckte zum Boden und schüttelte wortlos den Kopf. Ich überlegte ernsthaft, mir die kleine Heulsuse zu schnappen und draußen in einen Schneemann einzubauen. Grundlos weinerliches Verhalten kann einen zur Weißglut treiben. Da nahm er endlich einmal die Hand aus dem Mund und bemühte sich um eine halbwegs deutliche Aussprache:

„Kann ich nicht rausgehen. Keine Schuhe an. Zu kalt." Und er zeigt auf seine in der Tat nur bestrumpften Füße, die wahrhaftig keinen sehr winterfesten Eindruck machen. Mir war doch gleich so gewesen, als wäre bei der ganzen Unzahl von Kleidungsstücken irgendetwas elementar Wichtiges nicht dabei gewesen.

„Du wolltest mit ihm doch nicht etwa ohne Schuhe raus?", fragte die Herzdame, die gerade mit Sohn II über der Schulter vorbeikam und uns verwundert ansah. „Nein“, sagte ich, „natürlich nicht. Ich war gerade im Begriff, sie ihm anzuziehen. Du traust mir auch wirklich alles zu.“

Nachtfragmente

Notarzt: „Sie sehen aber unentspannt aus.“

Ich: „Ächz.“

Notarzt: „Dann nehmen wir sie wohl besser mal mit.“

Ich: „ Hmpf.“

Notarzt: „Nicht so schön, so eine Nierenkolik. Man sagt ja, das ist quasi der Geburtsschmerz für den Mann. Also so übertragen.“

Herzdame: „Ich bin bei der Geburt aber nicht mit dem Krankenwagen in den Kreißsaal!“

Notarzt: „Ah, sie haben Kinder?“

Herzdame: „Bei der zweiten Geburt bin ich sogar mit dem Fahrrad ins Krankenhaus! Und er fährt jetzt mit dem Krankenwagen? Das ist doch wieder typisch.“

Notarzt: „Zwei Kinder also.“

Herzdame: „Ja, zwei. Und er hat nur eine Kolik.“

Notarzt: „Wir könnten ihn ja nach Kiel fahren, da hat er länger was davon ...“

Später dann, nachts um drei, ging ich aus dem Krankenhaus wieder nach Hause, weil dort zu bleiben auch keinen Sinn hatte. Ist so eine Kolik vorbei, ist sie eben vorbei, da muss man sich kein Krankenhausfrühstück mehr antun. Zu Hause wartete die Herzdame mit den Söhnen und machte sich Sorgen, im Krankenhaus stand ein unrasierter Pfleger neben dem Bett, da fiel die Wahl nicht schwer.

Eine sehr ungewöhnliche Uhrzeit für mich, um draußen herumzulaufen. Als ständig übernächtigter Vater von zwei Kleinkindern war ich es mittlerweile längst gewohnt, spätestens gegen zehn im Bett zu liegen. Ich war mit allen Schmerzmitteln vollgepumpt, die der Medizinschrank in der Notaufnahme hergegeben hatte, ich hatte bergeweise weitere Medikamente dabei. Ich konnte nach Stunden endlich wieder gerade gehen. Ein schönes Gefühl, einfach herumlaufen zu können. Ich stand in dem Park vor dem Krankenhaus, die Nachtluft war frisch und von der Alster wehte leichter Wasserduft herüber, eine wunderbare Nacht. Über mir ein blasser Mond am nächtlichen Himmel, ein paar Bilderbuchwölkchen zogen daran vorbei. Vor mir auf dem Weg hoppelte und krabbelte es, ich dachte erst, ich sehe nicht richtig. Da liefen nicht ein oder zwei Kaninchen, da liefen zwanzig, dreißig, wenn nicht noch mehr. Sie hoppelten in Grüppchen durcheinander, blieben beieinander kurz hocken, zogen dann wieder weiter, formierten sich neu, ganz wie Menschen auf einer großen Party, hier ein Smalltalk, dort ein Smalltalk. Sehr entspannte Kaninchen, sie beachteten mich gar nicht. Ab und zu kreuzte eine geschäftig herumwuselnde Ratte die Szene. Man sagt, auf jeden Großstadtbewohner kommen mindestens zehn Ratten. Meine zehn Exemplare habe ich in dieser Nacht alle gesehen, und noch ein paar mehr. Ich schlenderte durch das tierische Durcheinander, die Kaninchen gingen mir ganz geruhsam aus dem Weg.

Kein Mensch irgendwo zu sehen, auf den großen Straßen nur hin und wieder ein Auto, ein leeres Taxi, es war die Stunde, in der fast die ganze Stadt schläft, kaum ein Geräusch zu hören. Die ganze große Millionenstadt um mich herum hatte Sendepause. Keine Lichter in den Häusern, die Zeitschaltuhren hatten selbst die Schaufenster verdunkelt. Ich blieb an einer Ampel stehen. Neben mir kam ein Igel aus dem Gebüsch und hielt auch am Straßenrand, keinen Meter von mir entfernt, ganz so, als würde er auf Grün warten. Ich ging los, schließlich kamen weit und breit keine Autos, der Igel machte ein Geräusch, das verdächtig nach „Ähem!" klang und blieb demonstrativ sitzen. Ist ja irre, dachte ich, völlig irre, die Viecher können bei Grün über die Ampel gehen, das ist ja wirklich nicht zu fassen. Der Igel guckte unfreundlich zu mir hoch, wahrscheinlich passte ihm mein verkehrswidriges Verhalten nicht. Er saß auf seinen Hinterbeinen und wartete ab. Die Ampel wurde grün, ich ging los und sah mich neugierig nach dem Kleinen um, er kam mir tatsächlich nach. Guckte nach links und rechts und krabbelte dann erst brummelnd über die Straße, immerhin vier Spuren. Ich war begeistert, ich freute mich für das kluge Tier.

Ich freute mich, dass es heil drüben ankommen würde und weil ich viel größere Schritte machte als er, blieb ich am anderen Straßenrand stehen um zu sehen, ob er auch wirklich auf der richtigen Seite wieder im nächsten rettenden Gebüsch verschwinden würde. Er zog stöhnend und heiser brabbelnd an mir vorbei, er klang wie ein Rentner, der den ganzen Tag leise nörgelnd vor sich hin mekkerte. Er steuerte wirklich wieder ein sicheres Gebüsch an. „Tschüss Igel", sagte ich und sah ihm nach, wie er immer noch brummelnd unter den Blättern verschwand. „Tschüss", sagte der Igel, ohne sich auch nur umzudrehen.

Und dann bin ich zur nächsten Straßenlaterne gegangen und habe mir die Nebenwirkungen der Medikamente noch einmal ganz genau durchgelesen.

Eine Extremsituation

Elfundneunzigtausend Einzelteile. Mehr Schrauben als in unseren sämtlichen Bücherregalen zusammen, und wir haben nicht eben wenige. Ich wog den Beutel mit dem Metall besorgt in der Hand. Eine Aufbauanleitung, die aussah, als sollte man mal eben die Schaltzentrale eines Atomkraftwerks zusammenlöten. Wir starrten entgeistert auf das Papier. Nächtliche Arbeitsstunden, damit die Kinder nicht merkten, was hier in langer Arbeit vorbereitet wurde. Zwei entnervte Erwachsene, die sich nicht einmal anbrüllen durften, wie es angesichts der Lage doch vollkommen angemessen und normal gewesen wäre, aber die Kleinen hätten ja wach werden können, da reißt man sich natürlich zusammen. So lange es eben geht.

Ich sagte der Herzdame, dass ich ins Bett wollte, die Herzdame sagte, ich solle lieber still sein und die Teile B12 und C26 in einem rechten Winkel zueinander halten, damit sie endlich die Stangen E3 und E4 daran montieren könne. Ich sagte ihr, dass das sowieso gar keinen Sinn habe, solange sie nicht 4 Schrauben der Gruppe A finden und bereithalten würde. Sie fragte, wo eigentlich der Schraubenbeutel sei. Die Schrauben lagen weit außerhalb unserer Reichweite, einer von uns beiden würde seine mühsam zusammengesteckten Teile wieder hinlegen müssen, um sie zu holen. Wir starrten uns schweigend an und umklammerten verbissen, was wir mit viel Mühe bisher sinnig zusammengefügt hatten. Minuten vergingen. Nebenan stöhnte ein Kind im Schlaf, murmelte etwas und bewegte sich. Wir ließen hektisch alles los, sprangen zur Tür und warfen sie zu. Die angefangene Konstruktion sank klappernd in sich zusammen, eine kleine Holzstange rollte langsam unter das Sofa, in die Ecke, an die man ohne Hilfsmittel nicht ankommt. Die Herzdame fragte, ob wir eigentlich noch Schnaps im Haus hätten.

Man sagt, über sechzig Prozent aller Ehen mit Kindern scheitern am Aufbau des irgendwann obligatorischen Kaufmannsladens für etwa Dreijährige. Na gut, nur ich sage das – aber egal, vertrauen Sie mir einfach.

Das norddeutsche Kind

Regen über Hamburg. Viel Regen sogar. Wir haben eine Dachgeschoßwohnung, wir haben hier oben etwas mehr vom Regen als andere Menschen. Man hörte den Regen auf dem Dach, man hörte den Regen auf den schrägen Fenstern. Es trommelte, es rauschte, ein Schauer ist bei uns ein Percussion-Erlebnis und dies war die Mutter aller Schauer. Man sah, wie der Regen in schnellen Sturzbächen an den Scheiben herunterlief. Knapp unter den Fenstern verläuft eine Regenrinne, in der das Wasser faszinierend hoch stand. Hätten wir da Schiffchen fahren lassen, die hätten schon ordentlich Tiefgang haben können und hätten unsere Wohnung umsegelt – quasi Insellage. Ich sah auf den Spielplatz hinunter, wo sich der Sandkasten schon in einen großen Tümpel verwandelt hatte. Die vergessenen Eimerchen auf dem Spielplatz vor unserem Haus waren über Nacht ganz vollgeregnet worden und standen mit Schlagseite im matschigen Sand. Der Himmel war bleigrau und tief und wurde an den Rändern immer dunkler, obwohl es gerade erst früh am Morgen war. Die Hamburgfahnen auf dem nahen Hotel Atlantic hingen herab wie nasse Lappen. Die Autos, die unsere Straße hochfuhren, ließen das Pfützenwasser aus den Schlaglöchern meterweit auf den Fußweg klatschen. Gelegentlich hörten wir schnelle Schritte von der Straße, Menschen, die durch den Wolkenbruch gebückt von Deckung zu Deckung rannten, wir sahen undeutlich Gestalten, die sich schutzsuchend in Hauseingänge pressten. Aus unseren Fenstern konnte man kaum noch etwas sehen, so üppig floss das Wasser daran herunter.

„Gummistiefel und Regenjacke, Regenhut und Matschhose. Es regnet", sagte ich zu Sohn I, den ich gleich durch den Weltuntergang in die Kita bringen musste, wonach ich wahrscheinlich wieder ebenso nass wie gerade unter der Dusche sein würde. Der Sohn sah von seiner Müslischale hoch, guckte kurz zum Fenster und sagte mit einem Blick auf die deutlichen Anzeichen der Sintflut kopfschüttelnd: „Ach, die paar Tropfen."

Diamonds are a girl's best friends

Sohn I hatte mittlerweile so viele Geburtstage seiner kleinen Freunde gefeiert, dass ihm das Prinzip des Schenkens sehr vertraut geworden war. Nach einigen kleineren Anlaufschwierigkeiten konnte er jetzt problemlos einem anderen Kind ein tolles Geschenk machen, ohne es nach drei Sekunden energisch zurückzufordern oder beim Verlassen der Party heimlich wieder mitzunehmen. Kinder lernen schnell. Da er vor nicht langer Zeit auch selbst

Geburtstag hatte und mit großer Begeisterung dabei Geschenke entgegengenommen hat, war ihm grundlegend klar geworden, dass Geschenke ein steter Quell der Freude sind. Und nachdem er in einem geradezu unfassbar heroischen Akt für einen Dreijährigen der Herzdame aus eigenem Antrieb Schokolade geschenkt hatte, ganz ohne ein Deputat zu verlangen, dachten wir, dass er bei dem sozial so wichtigen Punkt des Gebens und Nehmens in moralischer Hinsicht fast schon normale Flughöhe erreicht hätte.

Ich war daher nicht weiter überrascht, als der Sohn eines Morgens emsig in seinem Zimmer beschäftigt war und mir auf Nachfrage erklärte, er würde gerade ein Geschenk für seine geliebte Kindergartenfreundin einpacken.

„Was kriegt sie denn?“, fragte ich und hockte mich neben den Sohn. „Glitzersteine“, sagte er und schippte eine beachtliche Menge sehr normal aussehender, feldmausgrauer Kieselsteine aus seiner Spielzeugkiste in einen kleinen Beutel. „Ach, die glitzern?“ fragte ich irritiert und sah mir zwei, drei davon genauer an. Ich konnte kein Glitzern erkennen und die Wahrscheinlichkeit, dass sich ein dreijähriges Mädchen über eine Handvoll vollkommen beliebiger Kieselsteine freuen würde, erschien mir denkbar gering. „Doch, die glitzern“, sagte der Sohn mit Nachdruck und breitete sie auf seinen Händen aus, als wären es Rohdiamanten.

„Mädchen mögen Glitzer“, sagte er mit wissendem Gesichtsausdruck und ließ die Steine wieder in den Beutel gleiten. Ich rief die Herzdame, die Szene rührte mich ein wenig. „Guck mal“, sagte ich zu ihr, „wenn das kein fortgeschrittener Liebeswahn ist. Für ihn glitzern diese Steinchen wie Diamanten. Kinderfantasie eben. Und er wird diesen ganzen Beutel hier, diesen großen, unfassbaren Schatz, diesen wahnwitzigen Reichtum gleich seiner kleinen Freundin schenken, obwohl es bestimmt sehr schwer ist, sich von so einer Pracht zu trennen. Ist das toll? Ist er nicht toll? Mein Sohn!“

Ja, das fand die Herzdame selbstverständlich auch grandios. Sie streichelte dem Sohn übers Haar und sagte, das wäre fein, dass er so früh erkennen würde, dass man Frauen hin und wieder ein kleines Opfer bringen müsse, als Kavalier und Gentleman, andere Jungs würden darauf ihr Leben lang nicht kommen und nicht einmal zur Geburt von Stammhaltern Diamanten verschenken. Ich wich ihrem Blick aus. Sie fragte den Sohn, ob es nicht schwer für ihn sei, der Liebe wegen alles herzugeben.

„Nein“, sagte der Sohn, „Hauptsache, ich bin die blöden Steine los. In der Kiste soll mehr Platz sein.“

„Oh“, sagte die Herzdame. „Oh“, sagte ich und fragte ihn dann: „Aber das Glitzern?“ „Ja“, wiederholte der Sohn und sah mich erstaunt an, da ich offensichtlich sehr schwer von Begriff war, obwohl ich doch viel mehr Welterfahrung als er hätte haben müssen: „Mädchen mögen Glitzern.“ Und er nickte mir verschwörerisch zu. „OK“, sagte ich, wog den Beutel mit den Steinen in der Hand und warf noch einen Blick auf die grauen Granittrümmer, „jetzt sehe ich es auch. Da wird sich die junge Dame bestimmt freuen, wenn du es ihr so erklärst.“ Der Sohn nickte beiläufig. Mehr Platz in der Kiste, eine wahrscheinlich glücklich strahlende Freundin – das versprach ein sehr guter Tag für ihn zu werden.

Post

Kleinkinder erobern sich nach und nach die Riten der Erwachsenenwelt. Sie hinterfragen wenig oder gar nichts, nehmen alles als selbstverständlich an und machen alles mit.

Die Eltern machen irgendetwas zu bestimmten Uhrzeiten, sie legen Dinge an bestimmte Stellen und vollführen überhaupt die allermerkwürdigsten Handlungen, wenn man sie genauer beobachtet. Wenig davon leuchtet einem Kleinkind ein, aber das Kind hinterfragt auch sehr wenig. Alles ist, wie es ist und wahrscheinlich ist es sinnvoll, alles nachzumachen. Das war in der Steinzeit so, das gilt auch heute noch.

Wenn man nach Hause kommt, macht man zum Beispiel den Briefkasten auf, das ist eben so. Wer da wann wie und warum an wen Briefe schreibt, um was es da überhaupt geht – ganz egal. Solche Handlungen sind ein wenig wie das Wetter. Wenn man rauskommt, dann ist da eben Regen, daran kann man nichts machen. Wenn man die Tür aufgeschlossen hat, ist als nächstes der Briefkasten dran, das wird so hingenommen. Und wehe, die Erwachsenen haben den Einfall, zur Abwechslung einmal nicht in den Briefkasten zu sehen. Kinder schätzen es nicht, wenn Rituale geändert werden. Die Beziehung zu solchen Alltäglichkeiten wird erst anders, wenn das Kind einmal betroffen ist, wenn es plötzlich eingebunden wird, wenn es also zum Beispiel einmal selbst Post bekommt.

Sohn I und ich guckten gemeinsam in den Briefkasten. Darin fand sich eine Mitteilung vom Steuerberater für mich, ich riss den Brief schon im Treppenhaus auf. Je eher daran, desto eher davon. Der lange Text blieb mir zwar eher unverständlich, aber ich ahnte, dass die großen Zahlen mit dem Minus davor in den komplex aussehenden Tabellen nichts Gutes bedeuten konnten. Ich las den ganzen Text noch einmal, es blieb mir dennoch rätselhaft, um was es eigentlich ging. Der Sohn griff nach dem Brief und guckte ihn sich interessiert an. Er wendete die Seiten um, suchte nach Bildern und gab ihn mir schließlich nach eingehender Prüfung zurück. Im Briefkasten war noch etwas. Eine Karte von der fünfjährigen Nachbarinnentochter für Sohn I. Handgeschrieben, mit Glitzerstift, außerdem mit Schmetterlingen und Marienkäferchen beklebt. Große, ungelenke Blockbuchstaben. Sie finde ihn so süß, schrieb sie da, sie würde gerne einmal bei ihm übernachten. Möglichst bald. Krumme Herzen dahintergemalt, in leuchtendem Pink.

Ich sagte dem Sohn, dass die Karte für ihn sei und las sie ihm vor. Er guckte nachdenklich, Freude war in seinem Gesicht nicht zu erkennen. Ich las sie ihm noch einmal vor, zur Sicherheit. Es ist so eine Sache, mit der Konzentration von Kleinkindern, besser man wiederholt alles unentwegt, zweimal, dreimal, bis es irgendwann Klick macht im Kinderhirn. Ich sagte noch einmal, von wem die Karte war. Ich wusste, er mochte das Mädchen sehr gerne. Er nickte und sah sehnsüchtig auf meinen Brief. Seine Unterlippe schob sich dezent nach vorne.

Nach einer Weile verstand ich. Der Sohn war ein wenig neidisch, weil ich einen dreiseitigen, engbeschriebenen Brief bekommen hatte, er aber nur eine kleine Postkarte mit sehr wenig Text.

„Mach dir nichts draus“, sagte ich und streichelte ihm durchs Haar, „wenn du groß bist, kriegst du bestimmt auch so tolle Post wie ich.“

Witzwort

Witzwort ist sicherlich einer der besseren Ortsnamen auf der Halbinsel Eiderstedt, einer nordfriesischen Ferienregion. In solchen Orten könnte man sich eine Adresse ganz gut vorstellen. Eher zum Beispiel als im nahe gelegenen Kotzenbüll, ein Ort, der einem sprachlich doch etwas benachteiligt vorkommt.

Vor Witzwort galoppierten junge Kühe über einen Acker, und sie taten das schneller und eleganter, als man sich so etwas als Städter vielleicht vorstellt. Sie sprangen herum und jagten über den üppigen Löwenzahnteppich vor ihrem Stall, sie schlugen aus und bockten, es war die die reine, frühlingshafte Lebensfreude. Ich stand mit Sohn I am Gatter und sah den Kühen zu, wir hatten am Straßenrand gehalten, weil Sohn II mal eben gestillt werden musste. Wenn man zwei Kleinkinder im Auto hat, kommt man nie sehr weit und geht eine enge Beziehung zum Straßenrand ein. Wahrscheinlich wird man noch Jahre später routinemäßig den Weg nach Haltemöglichkeiten abscannen, auf der stetigen Suche nach einer Chance, ein Kind Pipi machen zu lassen, stillen zu können, umzusetzen, mit Spielzeug zu versorgen, zu füttern oder was auch immer.

Wenn man gerade in Nordfriesland ist, kann man damit allerdings ganz gut zurechtkommen. Der Sohn guckte fasziniert dem Kuhfrühsport zu, die Tiere liefen weiter im Kreis über die Weide, blieben stehen und rannten wie auf Kommando plötzlich wieder los. Direkt vor ihnen her flog eine Schwalbe in besonders wildem Zickzack, als ob sie es für ein Spiel hielt, sich mit den großen Tieren auszutoben. Für einen Moment sah es ganz aus, als wären die Kühe hinter dem Vogel her, dachte ich amüsiert.

„Jagen die Vögel!“, schrie da der Sohn schon und war ehrlich schockiert, denn er hatte über Kühe schon wirklich viel vorgelesen bekommen, aber dass sie Vögel fressen, das war ihm neu. Hatten die Eltern doch tatsächlich wieder eine entscheidende Botschaft verschwiegen.

„Jagen die Vögel!“, rief er wieder aufgeregt und zeigte mit dem Finger auf die Killerkühe. Er fragte mich, ob sie beißen könnten, er fragte mich, ob sie auch noch andere Tiere fräßen, er fragte mich, ob sie sehr gefährlich seien, er ging doch lieber ein paar Schritte zurück und sah schon einmal nach, ob die Autotür noch geöffnet war, so dass er jederzeit hineinspringen konnte.

Ich hockte mich neben ihn und erklärte, dass Kühe nur Gras fräßen und dass der Vogel zufällig gerade vor ihnen hergeflogen sei. Er sah mich mit dem Blick des schlauen Kindes an, das genau weiß, wenn Erwachsene ihn veralbern wollen. Er hatte sie ja mit eigenen Augen gesehen, die Raubkühe hinter Witzwort. Man erkennt als Vater, wenn im Kind gerade etwas eingerastet ist und man weiß natürlich auch, wann man sich besser um eine Korrektur bemühen sollte. Ich nahm mir vor, am Nachmittag mit dem Kind noch ein paar Stunden an irgendeinem Kuhgatter zu stehen, um den Beweis zu erbringen, dass sie wirklich, wirklich nur am Gras herumrupften.

Wahrscheinlich werde ich sie streicheln müssen, dachte ich, um zu zeigen, dass sie nicht bissig sind. Ich werde womöglich, überlegte ich weiter, sogar ein wenig zwischen den Kühen herumgehen müssen, um ihre Friedlichkeit zu demonstrieren. Was tut man nicht alles, als Vater. Und ich nahm mir vor, ganz genau nachzusehen, ob es auch wirklich keine Bullen waren.

Zusammenhänge

Wir fuhren mit den Söhnen etwa einmal im Monat ins Heimatdorf der Herzdame, sie hatten also eine reelle Chance, den Wechsel der Jahreszeiten auch aus der ländlichen Perspektive zu erleben, mit Natur und Grünzeug. Schließlich sollten die Kinder nicht erst in der Schule erfahren, was ein Huhn ist oder dass die Kuh für die Milch zuständig ist oder Äpfel an einem Baum wachsen. Da es rings um das Dorf noch ziemlich viel Landwirtschaft gab, konnte man erfreulicherweise einiges vorführen, es wirkte manches noch ganz so wie in einem funktionierendem Dorf, mit all den Treckern und Ställen.

In der Gluthitze des Augustnachmittags fuhr ein Mähdrescher über den Acker neben dem Haus der Großeltern, wir standen in einer riesigen, goldenen Staubwolke und sahen zu. „Mähdrescher“, sagte Sohn I fachmännisch, „sehr groß und sehr laut.“ „Und“ fragte ich, „was macht der Mähdrescher denn da?“ „Erntet Getreide“ sagte der Sohn zu meiner Verblüffung, so viel Fachwissen hatte ich ihm noch gar nicht zugetraut, schon gar nicht die geradezu vornehme Formulierung Getreide. „Oha“, sagte ich, „du kennst dich aber gut aus.“ Der Sohn nickte. Er zeigte auf den Mähdrescher, der jetzt stehen blieb. „Da sind jetzt die Körner drin“, erklärte er mir. Dann zeigt er auf weiter hinten gelegene Felder, auf denen das Getreide noch stand: „Und da hinten muss er noch hin. Und da und da.“ Er stand etwas breitbeinig, wie immer, wenn er auf dem Land war, er hatte seine Schirmmütze tief in die Stirn gezogen und kaute auf einem Grashalm. Wenn er auf dem Land geboren worden wäre, er würde sich auch nicht besser auskennen. „Weißt du denn auch, was aus dem

Korn gemacht wird, das der Mähdrescher da erntet?" Ich war mir fast sicher, dass er es wusste, diese unschlagbare Mischung aus Bilderbüchern, eigener Anschauung und Opas Erzählungen schien ja wahre Wunder zu wirken. Der Sohn sah mich an und kaute weiter auf seinem Grashalm. „Ja", sagte er, „das weiß ich schon." „Und" fragte ich, „was denn?"

Der Sohn kaut geruhsam weiter, spuckt das Grünzeug schließlich aus und sagte dann: „Daraus macht man Bäcker."

Vater und Sohn

Sohn I wurde drei, Sohn II wurde eins. Wir hatten kein Baby mehr im Haus. Die Abende und Nächte wurden wieder berechenbarer, beide Kinder hatten jetzt einen sehr festen Rhythmus. Ich drängte die Herzdame, sich wieder öfter mit ihren alten Freunden zu verabreden und auszugehen. Kein Mensch sollte nur noch aus seiner Elternschaft bestehen und kein Erwachsener sollte seine Freunde ausschließlich auf dem Spielplatz treffen. Es schien mir überschaubar einfach, abends mit den beiden Kindern alleine zurechtzukommen. Sohn II schlief absolut verlässlich nach einer gewissen Kalorienzahl ein, wobei es ihm sogar vergleichsweise egal war, mit welchen Lebensmitteln diese Menge erreicht wurde – ein Traum von einem pflegeleichten Kind. Sohn I dagegen, immer schon ein heikler bis bizarrer Esser mit den seltsamsten Angewohnheiten rund um die Nahrungsaufnahme, war verlässlich über eine gewisse Menge an eingefüllten Informationen und Geschichten in Richtung Schlaf zu bewegen. Er brauchte Bücher, Lieder, Erzählungen, Gespräche. Mit einem Kind im vierten Lebensjahr kann man sich schon recht gut unterhalten und ganz allmählich verträgt man in dem Alter auch eine Geschichte, die mit sehr wenig oder sogar keinen Bildern auskommt. Ein Abend mit einem gut gelaunten Kleinkind ist äußerst unterhaltsam und anregend, das wusste ich schon von den Abenden, die ich mit der Tochter der Nachbarin verbracht hatte, als ich auf sie aufgepasst hatte. Wie hing mir das Kind an den Lippen, mit welcher Begeisterung zeigte sie wieder und wieder auf den Bücherstapel – sicher würde es mit Sohn I jetzt genauso schön werden.

Natürlich hatte ich die Kinder schon oft ins Bett gebracht und selbstverständlich war die Herzdame auch schon vorher des Öfteren ausgegangen, aber jetzt machten wir es offizieller, jetzt wurde Sohn I gründlich informiert. Er sollte verstehen, dass es ganz normal war, wenn nur einer von uns am Abend zu Hause war.

Ich freute mich auf den ersten Abend, als die Herzdame schon früh eine Verabredung hatte und aus dem Haus ging, lange bevor die Kinder ins Bett mussten. Man kann sich immer leicht als guter und kompetenter Vater fühlen, aber nur an solchen Abenden beweist sich die eigentliche Leistungsfähigkeit. Sohn II war schlecht gelaunt und fiebrig, das erschütterte mich nicht. Sohn I war aufgedreht und hellwach, das machte mir nichts aus. Das hier würde schon klappen, ich hatte eine so genaue Vision von dem gelungenen Abend zu dritt, dass an Zweifel überhaupt nicht zu denken war. Sohn I würde nach einer Milch mit einem Extralöffel Brei darin sanft auf meinem Arm einschlummern, während Sohn I, der für Kranke ein bemerkenswertes Verständnis hatte, solange lesend auf mich warten würde. Dann würde ich den Kleinen ins Bett legen und mit dem Großen ins Wohnzimmer gehen. Ein Puzzle machen, ein paar Bücher lesen, über den Tag im Kindergarten reden. Nach seinen Freundinnen fragen, ein Gespräch unter Männern führen. Vielleicht noch ein, zwei Häppchen der Welt erklären und ihn dann auch langsam ins Bett befördern. Es schauderte mich förmlich vor der zu erwartenden Gemütlichkeit. Wäre die Herzdame zu Hause geblieben, ich wäre doch wieder am Schreibtisch gelandet, wie jeden Abend. Aber so – ich hatte mir fest vorgenommen, den Abend den Kindern zu widmen, wobei ich natürlich davon ausging, dass der Abend aus ihrer Sicht etwa aus einer Stunde bestand und ich danach in Frieden ein Buch lesen konnte. Aus der Sicht von Sohn I hätten es meinetwegen auch anderthalb Stunden sein können, ich war da ganz entspannt und wollte ganz bestimmt nicht kleinlich sein. Viel länger würde sich auch mein Großer sicherlich nicht wach halten können.

Wir brachten die Herzdame zur Tür. Wir küssten sie, wir winkten ihr nach, bis sich die Haustür hinter ihr schloss. Sohn II rieb sich die Augen und sah schon sehr müde aus. Sohn I nahm meine Hand, sah zu mir hoch und sagte ernst: „Mama ist weg, was Papa?"

Ich kniete mich neben ihn, balancierte seinen Bruder auf meinen Knien und sagte: „Ja, Mama ist weg. Du musst aber nicht traurig sein, sie kommt ja nachher schon wieder und ich bin auch da. Ich les dir jetzt mal ein schönes Buch vor, mein Herz. Gleich nachdem ich deinen Bruder hingelegt habe."

Sohn I sah zur Haustür, durch die seine Mutter verschwunden war. „Mama ist weg", sagte er noch einmal. Er schien nachzudenken. „Ja", wiederholte ich sicherheitshalber, „sie ist weg, aber ich bin da. Alles ist gut. Du musst nicht traurig sein."

Und Sohn I legte mir eine Hand auf die Schulter, eine seltsam anrührende Geste bei einem nur einen Meter großen Dreijährigen, sah mich erwartungsvoll an und sagte:

„Mama ist weg, aber das macht nichts. Komm, Papa, wir hören Techno und feiern die ganze Nacht.“

Besuch

Ein Wochenende im nordostwestfälischen Heimatdorf. Die Herzdame fuhr mit den Söhnen und den Großeltern am Nachmittag ins Schwimmbad in der kleinen Stadt in der Nähe, ich blieb zu Hause und stellte ein Projekt fertig. Eine Arbeitsteilung, mit der ich leben konnte, schließlich werde ich nicht gerne nass. Die Internetverbindung auf dem Land lahmte und bockte allerdings. Dateien wollten nicht aufgehen, das Notebook und die Maus mochten sich auch nicht mehr, es schien kein idealer Tag zum Arbeiten zu sein. Nach einer halben Stunde klappte ich das Notebook zu und gab es entnervt auf. Ich wanderte etwas im Haus umher und sah mir den regendurchweichten und frühherbstlichen Garten vor den Fenstern an. Zertretene Pflaumen im Gras, windzerfetzte Sonnenschirme. Diese seltsame Stille in einem Haus ohne Kinder. Räume, durch die eben gerade noch zwei Kinder gewirbelt sind, können plötzlich ungeheuer leer wirken. Herumliegendes Spielzeug. Ich hörte der Ruhe zu, Ruhe war selten geworden für mich. Ein Uhrenticken zu hören, ich konnte mich gar nicht erinnern, wann ich das zuletzt erlebt hatte. Regentropfen am Fenster, flatternde Spatzen auf dem Fensterbrett, vorbeihuschende Geräusche. Ich genoss die Stille.

Da kam ein Mann den Feldweg entlang auf den Hof zu. Ein alter Mann, er ging an einem Stock. Alt und gewichtig, er trug einen bedeutenden Bauch vor sich her. Kantige Figur, kräftige Schultern, gerade Haltung. Er setzte die Schritte mit Mühe und Bedacht, er machte alle paar Schritte eine kleine Pause. Schlug ab und zu kleine Steinchen mit seinem Stock vom Weg in den Graben. Er hatte seine Prinz-Heinrich-Mütze tief in die Stirn gezogen, sonst trug er nur Hose, Hemd und Sandalen. Keine Regenjacke, keinen Schirm, keine Stiefel, man ist hier wetterfest, in dieser Gegend. Ich kannte den Mann nicht, aber es musste einer von den alten Bauern aus dem Dorf sein. Er sah sich den Acker neben dem Weg ganz genau an, stocherte auch hier und da einmal etwas mit dem Stock in der braunen, klumpigen Erde, in der überall die welken Halme des längst abgeernteten Weizens steckten. Schließlich kam er langsam auf den Hof und steuerte auf den alten Gartenstuhl bei der Garage zu, der dort steht, weil man von da aus so gut über die Felder sehen kann. Ließ sich ächzend hineinsinken und starrte den Horizont an, hinten, bei dem kleinen Wäldchen. Sonst passierte nichts. Ich sah mir den Mann an, ich kochte mir einen Kaffee, ich holte mir Kekse, der alte Mann saß und guckte. Ich trank meinen Kaffee. Schließlich kam Uropa aus dem Haus und ging schlurfend zu dem Mann hin, er hatte gerade Mittagsschlaf gemacht und war noch etwas steifbeinig. Er stellte sich neben den Mann, der nicht einmal hochsah. Uropa sagte „Moin“ und der alte Mann sagte „Jo“, das ist so etwas wie die Essenz des nordostwestfälischen Smalltalks. Sie sahen beide über die Äcker, lange. Dann schüttelten sie gleichzeitig den Kopf. Wären sie Briten gewesen, sie hätten lange über das Wetter geredet. Hier reichte es, gemeinsam den Kopf zu schütteln.

Sie sahen noch eine Weile über die Felder, dann wuchtete sich der schwere, alte Mann wieder aus dem Stuhl hoch und lehnte sich auf seinen Stock. Uropa drehte sich um und ging wieder ins Haus, der andere ging langsam, mit bedächtigen Schritten über den Hof zurück zu dem Feldweg, dahin, wo er hergekommen war. Noch eine halbe Stunde lang konnte ich ihn sehen, wie er langsam nach Hause wanderte. Ein Regenschauer jagte über ihn weg, nichts an seiner Haltung ändert sich.

Alte Freunde muss man eben hin und wieder besuchen.

Hejo

Sohn I hatte eine Zeit lang eine besondere Vorliebe für deutsches Liedgut. Er konnte verblüffend viele Texte auswendig und war sehr daran interessiert, beständig noch weitere zu lernen. Wann immer die Herzdame oder ich etwas herumträllerten, fragte er genau nach, welches Lied das gerade war, wie es hieß, warum er das noch nicht kannte und ob man das Stück nicht bitte jetzt sofort zehnmal wiederholen könnte. Englische Popsongs lehnte er lange kategorisch ab, deutsche Schlager schienen ihn ebenfalls eher nicht zu interessieren – aber Volks- und Kinderlieder nahm er wahllos und gierig in sein Repertoire auf.

So lernt man auch als Erwachsener die ganzen Texte neu oder auch zum ersten Mal, staunt über die vielen zweiten und dritten Strophen, die man nie vorher wahrgenommen hat, aber jetzt endlich einmal nachliest und wird dafür tagelang von den fürchterlichsten Ohrwürmern geplagt. Und hat zwischendurch ganz besondere nostalgische Momente, weil man natürlich zu all diesen Liedern auch eigene Erinnerungen hat. Erinnerungen an den Kindergarten, an die Grundschule, an den Schulchor. An Klassenfahrten, an Omas Geburtstage, mit den Grüßen der Verwandten aus Mecklenburg im Radio. An die Kindermusikschule. Unvergesslich, wie wir in der Grundschule jeden, wirklich jeden Morgen „Im Frühtau zu Berge wir ziehen" singen mussten, wozu wir, in gerader Linie ausgerichtet, die Arme vor dem offenen Fenster kreisend zu bewegen hatten, um uns so frische Luft in den Klassenraum hereinzukurbeln. Es klingt wie eine Erinnerung an die Dreißiger Jahre des vorigen Jahrhunderts, dabei waren es die frühen Siebziger. Unvergesslich auch die späteren wochenlangen Versuche eines Französischlehrers, aus einem verstockten Rudel pubertierender Ignoranten eine bühnenfähige Version von „Sur le pont d'Avignon" für ein Schulfest herauszubekommen. Unvergesslich auch, wie ich im Orgelunterricht an einem Monster von Heimorgel wieder und wieder Ännchen von Tharau spielen musste und nie erfahren habe, wer das denn bloß war, obwohl mich die Frage wirklich interessierte.

Und irgendwas war auch an „Hejo, spann den Wagen an" unvergesslich, ich kam nur zuerst nicht darauf, was es war. „Schau der Wind treibt Regen übers Land! Holt die goldnen Garben, holt die goldnen Garben" sang die Herzdame beim Duschen. „Was sind Garben", fragte Sohn I.

„So ging der Text?", fragte ich und hatte ein seltsames Gefühl dabei. Irgendetwas stimmte hier nicht. Ich pfiff ein paarmal die Melodie nach, ich sang den alten Text, und dann fiel es mir erst wieder ein. Als ich etwa zwölf Jahre alt war, da haben wir dieses Lied anders gesungen. Mit einem anderen Text, mit sehr viel anderen Leuten zusammen und auf der Straße. Damals hieß das: „Hejo, leistet Widerstand, gegen das Atomkraftwerk im Land! Schließt euch fest zusammen ...“

Ich sang vergnügt den alten Demo-Text, die Herzdame sah mich erstaunt an. Diese Version kannte sie nicht. „Die andere Version ist aber richtig“, sagte sie kopfschüttelnd. Wir sangen das Lied noch einmal, sie den historischen Text, ich die nicht ganz so alte Version. Sohn I summte unverbindlich die Melodie mit und wartete die weitere Entwicklung vorsichtshalber erst einmal ab. „Es ist ein Volkslied“, sagte die Herzdame entschieden und sang „hejo, spann den Wagen an ...“ noch einmal. Ganz langsam, damit der Sohn auch alles mitbekam. „Gut“, sagte ich, „ist ja richtig.“

Ich ging mit den Söhnen zum Kindergarten. Vor dem Haus nahm ich Sohn I auf meine Schultern und sang ihm raunend vor: „Hejo, leistet Widerstand ...“ Denn es ist ein Volkslied. „Volkslieder, das sind übrigens Lieder, die schon die Väter gesungen haben“, erklärte ich Sohn I. „Schließt euch fest zusammen“, sang Sohn I. Das gute Kind.

Chancenlos

Nicht zu allen Themen kann man praktische Hinweise geben. Es gibt auch Themen, da muss man klar benennen, was passieren wird und deutlich sagen, dass es nichts zu beschönigen gibt, um die Väter richtig darauf vorzubereiten. Es gibt auch harte Zeiten. Harte Zeiten, in denen das Kind zum Beispiel mit einem Laufrad vor die Tür geht.

Etwa ab zwei Jahren kann ein Kleinkind mit dem Laufrad fahren. Oder es zumindest durch die Gegend schieben. Oder es zumindest besitzen wollen. Alle anderen Kinder haben ja schließlich auch eines, denn vor das Fahrrad hat man nun einmal heutzutage das Laufrad gestellt. Alles zu seiner Zeit. Ein Laufrad ist eine sehr, sehr schlimme Sache. Nanu, wird man denken, so ein harmloses Spielzeug, was soll daran schlimm sein?

Die Antwort ist einfach. Nehmen Sie versuchsweise ein Laufrad in die Hand und gehen Sie damit eine Stunde spazieren. Man muss es beim Spazierengehen tragen, denn das Kind, welches es eigentlich fahren wollte und sollte, hat nach zehn gerollten Metern beschlossen, sich doch lieber im gerade eben erlernten, quergehüpften Seitgalopp fortzubewegen, wobei ein Laufrad eher hinderlich ist. Sie werden feststellen, ein Laufrad wiegt auf den ersten Metern nur eine Handvoll Kilo. Nach zehn Minuten wiegt es schon gefühlte 20 Kilo, nach einer Stunde könnten sie ebenso gut ein Motorrad schultern.

Wenn Sie das Laufrad so tragen, dass der Lenker nach unten baumelt, wird er Ihnen mit schöner Regelmäßigkeit zwischen die Beine geraten, was für fabelhafte blaue Flekken an den Schienbeinen und schlechte Stimmung sorgt. Wenn Sie das Laufrad so tragen, dass Sie den Lenker in der Hand halten und das lange Ende nach unten baumelt, wird es Passanten in die Quere kommt – was auch für blaue Flecken und schlechte Stimmung sorgt, aber gleichzeitig auch noch soziale Probleme mit sich bringt. Wenn Sie das Laufrad auf der Schulter tragen, werden Sie, wenn Sie sich nach Ihrem Kind umdrehen, erleben, dass andere Menschen kreischend in Deckung gehen, während das bunte Gestänge knapp an ihren Ohren vorbeisaust. Wenn Sie versuchen, das Laufrad zu schieben, gucken Sie sich dabei schon einmal die Schilder an den Häusern an, damit Sie den nächsten Orthopäden nicht verpassen.

Wenn Sie, weil Sie ein besonders intelligenter Mann sind, das Laufrad einfach an der nächstbesten Laterne anschließen, wird sich das Kleinkind kategorisch und brüllend weigern, sich noch einen Millimeter weiterzubewegen, ganz gleich auf welche Art.

Wenn das Kind wider Erwarten doch noch einmal auf das Laufrad steigt und sogar erfolgreich damit fährt, werden Sie in gebückter Haltung, mit weit ausgestreckten Armen und ganz unvermuteter Geschwindigkeit dem Gefährt hinterher jagen, wobei Sie zu schnell sein werden, um die Orthopädenschilder mitzubekommen.

Nein, Sie haben wirklich keine Chance.

ABC

Meinen Platz am Notebook musste ich immer öfter gegen Sohn I verteidigen, als er den dritten Geburtstag hinter sich hatte. Er wollte dort nicht mehr nur gelegentlich einmal einen Zeichentrickfilm auf Youtube sehen, sondern sich jetzt mit geradezu verbissenem Interesse seriöseren Themen widmen. Er saß und tippte. Und guckte, was passierte. Suchte auf der Tastatur lange nach dem E, drückte darauf, guckte auf den Bildschirm und strahlte uns dann begeistert an: „E wie Erdgeschoß!“ Auch Fahrstuhlfahren bildet, wie man daran merkt.

Das war ein schöner Erfolg, der sich allerdings bei dem U leider nicht wiederholte – „U wie Keller!“ – wir hätten wohl doch konsequenter Untergeschoß sagen müssen. Er erkannte auch ein S, weil es wie eine zischelnde Schlange aussah, das konnte er sich gut merken. Ein J, weil sein Name damit anfängt. Ein A, weil seine Freundin mit A anfing, das war eine Frage der Ehre, den Buchstaben zu behalten. Und ein B erkannte er auch, das hatte mich zunächst etwas gewundert. Bis er mir aufsagte, welchen Merkspruch zum B ihm die Herzdame erfolgreich vorgebetet hatte: „Das ist ein B. Mit dicken Bäuchen, wie bei den Buddenbohms."

Er guckte mir lange zu, wenn ich etwas tippte. Er fragte hinterher, was ich da geschrieben hatte. Er versuchte schon zu schätzen, ob die Menge an Text, die ich aus einem Bilderbuch vorlas, auch wirklich zu dem passte, was da stand, ich hätte schließlich etwas unterschlagen können. Er bekam allmählich mit, wenn ich ganze Absätze ausließ. Er bekam ein Gefühl für Textlänge. Er hatte längst gemerkt, dass unten auf den Seiten auch Zahlen standen, sogar in fast jedem Buch. Seitenzahlen. Zahlen fand er auch toll, vielleicht sogar toller als Buchstaben. Zumal es anscheinend verwirrend viele Buchstaben gab, aber nur eine überschaubare Anzahl von Zahlen. Warum da unten auf den Seiten immer Zahlen standen, das war ihm schleierhaft, aber es beschäftigte ihn sehr. Er sah mir zu, wie ich las, er guckte genau, wo ich hinguckte, er sah noch einmal prüfend in das Buch, wenn ich es weglegte, blätterte es durch und sah sich Buchstaben und Zahlen genau an.

Dann fragte er: „Wenn du die Buchstaben fertig gelesen hast, liest du dann immer die ganzen Zahlen extra?"

Zahlen

„Guck mal die beiden da vorne – die sind zu dritt ganz alleine!"

Sohn I konnte bis Zehn zählen und halbwegs souverän mit Mengenangaben umgehen. Sehr simple Rechenaufgaben gingen auch schon, besonders wenn sich die Fragen um Anzahlen von Gummibärchen drehen. Wenn nur zwei davon auf dem Tisch lagen, war ziemlich klar, dass drei besser wären, und dazu fehlte eben noch eines, das war soweit einleuchtend – die erste Textaufgabe des Lebens, ganz nebenbei gelöst.

Zwischendurch hörte man dann aber überraschend Sätze wie denn oben zitierten. Sätze, bei denen man dachte, ach nein, es geht doch alles noch sehr durcheinander in dem kleinen Kopf, bis zur mathematischen Erleuchtung wird es wohl noch eine ganze Weile dauern. Bis man genau hinsah, was das Kind da eigentlich meinte. Da verstand ich dann plötzlich.

Da standen nämlich zwei Dreijährige („die beiden") vor dem Kindergarten, neben einem Kinderwagen, in dem ein Baby lag („zu dritt") – aber die Mutter der Kinder war gerade weit und breit nicht zu sehen („alleine").

Alles ganz logisch.

Kollege kommt gleich

Nach einer Studie von Accenture waren die Deutschen noch nie so unzufrieden mit der Servicequalität von

Dienstleistern wie im vorigen Jahr, 2010. Man könnte daraus schließen, dass alles immer schlechter wird, es scheint sozial bergab zu gehen mit diesem Land, obwohl es wirtschaftlich doch gerade einmal bergauf geht. Wir behandeln uns gegenseitig immer ungnädiger und zickiger und am Ende essen wir nur noch in Automatenrestaurants, um bloß mit keinem blöden Kellner mehr reden zu müssen. Könnte man denken. Das ist aber falsch, wie ich aus erster Hand weiß. Die Zukunft, sie wird rosig. Menschen in Läden und Restaurants werden sich überschlagen, um uns bedienen zu dürfen. Ich kann das mit Fug und Recht behaupten, ich leite das einfach aus der Haltung der Kinder ab. Da habe ich Beispiele vor Augen, da kann ich beurteilen, wie die Lage ist. Die Kinder von heute werden bekanntlich die Kassierer von morgen, und wenn ich da Sohn I als Muster betrachte, kann ich mich entspannen.

Sohn I, der seinen Kaufmannsladen – Spezialität Erbsen in Flaschen - mit einer gewissen Leidenschaft betrieb, spielte in nicht endender Ausdauer mit uns Einkaufen. Er verhandelte mit der Herzdame oder mir in geradezu orientalischer Weise Preise, jubelte uns die seltsamsten Angebote unter und verschenkte freigiebig Proben aus dem reichhaltigen Sortiment. Normalerweise spielten entweder die Herzdame oder ich mit ihm, da einer von uns beiden immer am Schreibtisch saß. Einmal waren wir aber zufällig zu zweit in seinem Laden, ein Zustand, der ihn sichtlich merkwürdig beunruhigte. Er brachte das Kassieren erstaunlich hektisch hinter sich und zog mich dann schnell beiseite, um mit mir ein ernstes Wort zu reden. Nämlich über den Weihnachtsmann. Dem es dringend etwas auszurichten galt:

„Papa, sag ihm, ich brauche ganz schnell eine zweite Kasse für meinen Laden."

„Nanu", sagte ich, „eine zweite Kasse? Wozu das denn?"
„Weil, wenn es wieder einmal so voll wird, dann muss ich doch einen Kollegen rufen können!"

Es geht bergauf mit der Servicequalität in diesem Land, es kann sich nur noch um ein paar Jahre handeln.

November

Es war grau, es regnete. Es schmuddelte, wie der Hamburger sagt. Die ganze Stadt war schlecht gelaunt, in den S-Bahnen sahen sich die Menschen noch finsterer an als sonst. Verschränkte Arme, regennasse Schultern, böse Blicke unter Kapuzen. Verfrorene Raucher vor den Bürohäusern, unter Schirmen weggeduckt, ein Bild des Elends. Touristen, die die Kameras gar nicht erst auspackten. Es wurde den ganzen Tag nicht recht hell, man wäre am liebsten im Bett liegengeblieben und hätte sich Spekulatius liefern lassen. Wenn man nur gekonnt hätte. Niemand konnte, natürlich nicht.

Der alte Mann in der Wohnung neben unserer war vor ein paar Wochen gestorben, einen klassischen, einsamen Großstadttod. Er hatte schon seit Jahren kaum noch Kontakt zur Außenwelt gehabt und war kaum ansprechbar, nur ein Sozialarbeiter besuchte ihn gelegentlich. Als der auch nicht mehr hineingelassen wurde, kam die Polizei, brach die Tür auf und fand ihn. Seine Katze hatte knapp überlebt, vier, fünf Tage neben der Leiche. Garfield. Der Tierfänger hatte es nicht einfach mit ihm. Der Bestattungsunternehmer freute sich, dass der Sarg in Fahrstuhl passte, immerhin vierter Stock, so ein Sarg wiegt ja was. Die Kinder aus dem Block kommentierten interessiert das Geschiebe mit dem Sarg: „nee, der passt nicht rein“, „sie müssen von außen, mit einem Kran und so“, „sollstu sehen, der passt schon!“ „Ha, hat gepasst! Hab ich doch gesagt! Kommt kein Kran, siehst du!“

Der Sarg wurde in den Leichenwagen geschoben, eine Traube von Kindern hing am Spielplatzzaun und sah zu, dahinter Eltern in fortgeschrittener Erklärungsnot. Wir haben die Lage Sohn I offen geschildert, er fand es ganz naheliegend, dass der alte Mann gestorben war, wie der alte Hund von Oma, der war vorher auch so krank, sah komisch aus und ging komisch. Und dann stirbt man. Und dann ist man nicht nur krank, sondern auch noch tot, sagte der Sohn und nickte nachdrücklich. Er hatte verstanden.

Nachbarn stellten eine Kerze mit ein paar netten Zeilen ins Treppenhaus, so ein rotes Grablicht. Wochenlang passierte dann nichts, die Wohnung war amtlich versiegelt, wahrscheinlich suchte man nach Erben, Verwandten, Freunden. Sohn I nahm es ohne weiteren Kommentar hin, dass der Nachbar tot war, tot und weg, wie er es sehr knapp zusammenfasste. Kleinkinder können erstaunlich unsentimental sein. Das eigentlich spannende an der ganzen Angelegenheit war für ihn tatsächlich der Sarg, der knapp in den Fahrstuhl gepasst hatte. „So knapp!“

Dann fing die Hausverwaltung an, die Wohnung zu entkernen. Alles wurde herausgerissen, die Küche, das Bad, der Boden, die Tapeten, alles. Der alte Mann hatte lange dort gewohnt, die Wohnung war in keinem guten Zustand mehr. Verlebt nennt man das dann wohl. Die Arbeiter schüttelten den Kopf und sagten, so etwas hätten sie noch nicht gesehen. Vor dem Haus ein großer Container, in den sie die Möbel und Habseligkeiten warfen.

Korbstühle mit großen Löchern im Geflecht, speckige Matratzen. Alte Regale mit ausgebrochenen Schrauben, zerschlissene Teppiche. Ein mattblauer Katzentransportkorb, krümelige Reste vom Trockenfutter darin. Oben auf dem ganzen Krempel ein umgedrehter Rollator im Regen, den hatte er nie benutzt, er ging immer ohne, stocksteif, aber doch ganz flott. Kaputte Regenschirme, gleich mehrere. Ein Waschbecken, zersprungen und unfassbar dreckig. Ein uralter Computerbildschirm, heraushängende Kabel. Gebrochene Bretter von einem Schrank, herausgerissene Trümmer vom Parkett. Eine verblichene Regenbogenfahne.

„Hat er nur kaputte Sachen gehabt?“, fragte Sohn I.

Der große Container war offen, die Sachen lagen im Regen und weichten durch, Pappe schmiegte sich klebrig an Holz. Pfützen in Scherben von Blumentöpfen. Unter allem eine Schicht aus undefinierbarem Schutt. Graue Pampe. Mittendrin in dem Gerümpel ein bunt leuchtender Karton, rote Farbe auf strahlendem Weiß, schon dem flüchtigem Blick kam das Design bekannt vor. Ich sah im Vorbeigehen genauer hin: Monopoly. Das Spiel, original verpackt, noch eingeschweißt. Der einzige farbige, heile Gegenstand in dem ganzen trüben Müll.

Ein alter Mann, der schon seit Jahren nicht mehr an der Welt teilnahm. Ein unausgepacktes Monopoly. Dahinter eine Geschichte, die keiner mehr erzählen wird. November eben. Es war grau, es regnete.

„In die Wohnung zieht jetzt aber keiner mehr ein, oder?“, fragte Sohn I.

Beim Kinderarzt

An der Rezeption eine längere Schlange, ich stellte mich hinten an und wartete, ich brauchte einen neuen Termin. Ich war der einzige Vater in der Reihe, vor mir nur Mütter. Mütter mit Kindern auf dem Arm, Mütter mit Kindern an der Hand, Mütter mit Kindern an den Beinen. Mütter, die Rezepte einsteckten, Krankmeldungen, Überweisungen. Viele vereinbarten ebenfalls einen Folgetermin, die Sprechstundenhilfe schlug jeweils ein Datum vor, die Frauen nickten und gingen. Als ich dran war und mir ein Termin genannt wurde, hörte ich die fürsorglich nachgeschobene Frage: „Soll ich es ihnen nicht besser aufschreiben?"

Als Vater halte ich mich oft in Kreisen auf, in denen sonst nur Mütter verkehren, solche Ungleichbehandlungen finde ich dabei immer wieder interessant. Keiner der Frauen vor mir wurde ein Zettel angeboten, alle hatten ihren Termin einfach im Kopf gespeichert, das schien kein Problem zu sein – bis ich dran war. „Sie fragen mich das nur, weil ich ein Mann bin, oder?", fragte ich die Sprechstundenhilfe.

Ich finde, man muss solche Vorkommnisse auch benennen. Diskriminierung einfach hinzunehmen, das kann niemals die Lösung sein, und das fängt im Kleinen an.

„Nein", sagt die Sprechstundenhilfe, schüttelte den Kopf und sah mich sehr freundlich an, „wenn eine Frau einen sehr verwirrten Eindruck macht, dann biete ich der auch schon mal einen Zettel an."

1. Advent

Wir hatten eine Krippe gekauft, die Söhne mussten schließlich mit gewissen Traditionen vertraut gemacht werden. Robustes Holzspielzeug, da kann man auch bei Kleinkindern nicht viel falsch machen. Das Jesuskind in der Krippe war immerhin so groß, dass es nicht von Sohn II verschluckt werden konnte, wir hatten an alles gedacht. Bunt purzelten die Teile aus der Schachtel. Sohn I fixierte den Haufen eine Sekunde lang und stellte umgehend missbilligend fest: „Ochs fehlt." Während alles, was Hörner hat und halbwegs nach Milchvieh aussieht normalerweise bei ihm unter Kuh lief, wurde im Weihnachtskontext plötzlich alles zu Ochs, denn im Stall standen nun einmal Ochs und Esel, es soll keiner sagen, alte Texte hätten heute keine Macht mehr.

„Ochs fehlt", sagt Sohn I noch einmal und die Herzdame sagte lachend, der wird sich schon anfinden. Stimmte aber nicht, der Ochs war in dieser Krippenspielversion tatsächlich getauscht worden. Gegen ein Kamel. Das war der Weltgegend, in der die Geschichte spielte, wahrscheinlich angemessen, für Sohn I war die Sache aber damit schon gelaufen. Er schnippte einen der Hirten lustlos durch das Wohnzimmer und murmelte unentwegt vom fehlenden Ochsen, den er aus ungeklärten Gründen für die wichtigste Figur an der Weihnachtserzählung hielt. Sohn II kaute währenddessen auf Maria herum, die sich von Josef seltsamerweise nur durch eine angemalte Schürze unterschied. Die Herzdame setzte den geschweiften Stern von Bethlehem auf das Dach des Stalls und drückte ihn fest. Sohn I sah zu und sagte immerhin anerkennend: „Cool, mit Raketenstern."

Wir balancierten das ganze Ensemble auf das Sofa, damit die Kinder sich alles genau ansehen konnten, ich hob gerade an zur genauen Erklärung der einzelnen Figuren der Weihnachtsgeschichte, da kam Sohn II über die Heilige Familie wie Godzilla über Tokio.

„Nur Jussuf steht noch", sagte Sohn I und zeigte auf das Jesuskind, dessen richtigen Namen er, wie auch schon im Vorjahr, konsequent verweigerte. Das Jesuskind stand in den Trümmern und lachte über beide roten Bäckchen. „Ja", sagte ich, „und das nennt man dann das Weihnachtswunder."

„OK", sagte Sohn I und nickte einverstanden. Im Grunde ist es ganz einfach, etwas Tradition zu vermitteln.

Die Gemüsekiste heiligt den Sonntag

Wir ließen uns eine Gemüsekiste nach Hause liefern, nachdem Menschen unseres Vertrauens von diesem neuen Service so begeistert waren. Und nicht nur Gemüse, nein, auch Obst, Käse, Bier – es kam alles am Montag ins Haus. Alles natürlich bio und weitgehend regional, saisonal passend und in herzerfrischender Artenvielfalt. Gut für das Gewissen, gut für die Kinder, gut für uns. Wir hatten jetzt eine neue Struktur in der Woche, wir hatten einen festen Rhythmus, die Woche war durchritualisiert, im Familienleben ist so etwas bekanntlich wichtig. Wir bestellten die Kiste schon am Freitag für die kommende Woche gemeinsam, wobei sich unsere Charaktere sehr schön ergänzten. Ich wollte von allem jeweils die größte Menge nehmen und den Inhalt so kommen lassen, wie er im Kistensortiment vorgegeben war, die Herzdame wollte von allem ganz wenig und nur das, was sie auch ganz sicher mochte – also nur Sachen, die auch in Nordostwestfalen immer schon vorkamen. Sohn I guckte angewidert auf die Gemüseabbildungen am Bildschirm, Sohn II zeigte auf die Bildchen und freute sich sabbernd über alles. Wir diskutierten leidenschaftlich vor dem Computer, Ernährung ist eine ernste Angelegenheit, da kann man ruhig einmal etwas mehr Zeit mit der Entscheidung zubringen. Der Abend wurde tendenziell unfriedlich, bis die Herzdame lange genug wegsah und ich zwischen zwei Sätzen heimlich die Bestellung endlich nach meinen Vorstellungen abschicken konnte. „Was nützt das schlechte Leben", wie Kempowski sagte, ich hab es eben nicht so mit kleinteiligen Bestellungen.

Am Montag kam die Kiste. Da ich längst vergessen hatte, was ich vor Tagen bestellt hatte, war sie für mich immer ein Überraschungspaket. Da ich mit Überraschungen in der Küche aber leider nicht umgehen kann, kochte ich zuerst das simple Zeug weg. Karotten, Kohlrabi, was jeder kann. Dann las ich nach, worum es sich bei dem interessant aussehenden Rest handelte und recherchierte Rezepte. Die Herzdame sagte, dass ich verrückt sei und gegen den Rest der Kiste niemals ankochen könne. Sohn I sagte, dass er keine Karotten mochte. Und keinen Kohlrabi. Sohn II sagte nichts und knabberte an einer Karotte.

Am Dienstag musste erst einmal der Salat weg, Salat hält sich nicht so gut. Salat ist einfach, alles reinwerfen, was nach Rohkost aussieht, Essig, Öl, fertig. Die Herzdame sagte, dass da wirklich noch sehr viel Gemüse übrig sei. Und Obst. Sohn I sagte, dass er keinen Salat mochte. Und kein Obst. Sohn II sagte nichts und aß.

Mittwoch dann der Glanzauftritt mit recherchierten Rezepten. Topinamburssuppe, man lernt nicht aus. Die Herzdame fragte, was das für ein Zeug auf ihrem Teller sei. Sohn I sagte, dass er keinen Topidings mochte. Sohn II sagte nichts und aß.

Donnerstag eine weitere Chance, Neues zu probieren. Kartoffelstampf mit Herbstrübchen, man macht tatsächlich Entdeckungen, auf die man gerne auch schon vor Jahrzehnten gekommen wäre. Die Herzdame nickte anerkennend, stand nach dem Essen aber vor dem Kühlschrank und sagte: „Das ist ja immer noch sehr viel drin." Sohn I sagte, dass er keine Rübchen mochte. Sohn II sagte nichts und aß.

Am Freitag musste notfallmäßig weg, das wie Woche nicht so gut überstanden hat. Ein Suppentopf löst kategorisch jedes Problem dieser Art, der Pürierstab hilft, die Diskussion über die Zutaten zu vermeiden. Die Herzdame stand vor dem Kühlschrank und sagte mit einem unverkennbaren Triumph im Blick: „Ich habe gleich gesagt, die Rote Bete schaffst du nicht." Sohn I sagte, dass er keine Suppe mochte. Sohn II sagte nichts und aß. Die Herzdame und ich setzten uns nach dem Essen vor den Computer und bestellten die nächste Kiste. Mehr oder weniger gemeinsam.

Am Sonnabend bekochte ich unschuldige Freunde mit seltsamen Rezepten, ein Kilo Rote Bete musste eben irgendwie weg. Zwischendurch Obst in großen Mengen schnippeln und in Sohn II schieben, die Vorräte neigten sich jetzt tatsächlich dem Ende zu. Die Herzdame stand vor dem Kühlschrank und fragte, was ich alles heimlich weggeworfen hatte. Ich erklärte ihr, dass manche Beziehungen auch auf Vertrauen basieren. Sie sah mich ungläubig an. Sohn I sagte, dass er keine Rote Bete mochte.

Sohn II konnte das Essen nicht erwarten und nagte an der leeren Gemüsekiste.

Am Sonntag war der Kühlschrank leer, eine verschrumpelte Pastinake entsorgte ich dezent am frühen Morgen. Ein wenig Schwund ist eben immer. Wir waren seit Tagen randvoll mit Biokost, wir hatten wieder eine Woche gesund gelebt, Vitamine ohne Ende. Wovon Sohn I lebte, war uns allerdings weiterhin unklar. Sohn II grub im Mülleimer nach der lädierten Pastinake. Die Herzdame und ich standen vor dem leeren Kühlschrank, wir nahmen uns vor, in der nächsten Woche nicht mehr über Essen zu streiten. Wir hatten einen Tag ohne Stress vor uns. Es gab keine seltsamen Gemüsesorten mehr, die man experimentell verkochen musste. Es gab keine Restkilos Möhren, die heute noch wegmussten, auch wenn gar nichts anderes dazu passte. Es gab keine Äpfelchen mehr, an denen man dringend herumschnitzen musste, es gab keine Kresse mehr, die man bewässern musste, es gab keine Schwarzwurzeln mehr, deren Verwendung man erst wieder nachlesen musste. Wir schlossen den leeren Kühlschrank und nahmen uns in den Arm. Es war Sonntag, es war der Tag des Friedens und des Ausruhens, der Tag der Familienharmonie.

Dann aßen wir eine Tiefkühlpizza.

Die Logik des Echos

Dreijährige Kinder neigen mit jedem Monat mehr zu Unfreundlichkeiten. Sie nehmen im Kindergarten ein

Schimpfwort nach dem anderen auf und verwenden die Kollektion mit großer Freude in den unpassendsten Situationen, wobei ich zum Beispiel auch das abendliche Zubettbringen als unpassend empfinde, ich lasse mich dabei nur ungern beschimpfen. Dreijährige unter sich reden fast nur noch in dramatischen Vokabeln, und es kann etwa ein Jahr dauern, bis sie wieder zu einem halbwegs normalen Sprachgebrauch übergehen, zumindest meiner Erfahrung mit den älteren Kindern in der Nachbarschaft nach. Den Sprachgebrauch im Kindergarten kann man natürlich als Elternteil nicht beeinflussen, das muss man so hinnehmen, dass diese Einrichtung eine gewisse Derbheit in den Alltag bringt und das Kind beim Abholen schon mal wütend wird, wenn es seine verdammten Kackstiefel nicht sofort findet, die sich irgendwo in der pissblöden Umkleide verstecken, die dämlichen Scheißteile. Das kann man sich nur anhören, direkte Korrekturen sind sinnlos, schon gar in einem Umfeld, in dem eine ganze Horde Kinder die Schimpfwörter begeistert aufnimmt, umformuliert, ausgestaltet und weiter im Chor herumbrüllt.

Nein, man muss warten, bis man zu Hause ist. Erst dort kann man versuchen, durch dezidierte Höflichkeit eine andere verbale Richtung einzuschlagen und das Kind zurück auf den goldenen Weg der Freundlichkeit zu locken. Ein schweres Unterfangen, aber natürlich ein lohnendes – und eines, das immerhin Aussicht auf Erfolg hat. Kinder passen sich von Natur aus gerne an, wenn man also nur lange genug Freundlichkeiten vorlebt, werden sie irgendwann ebenso antworten. Sagt man.

Ich: „Na, mein Küken?"

Sohn I: „Na, du alter Hahn?"

Literaturwissenschaft für Anfänger

Ich lag mit Sohn I im Bett, die abendliche Vorlesezeit war schon vorbei, nun las jeder noch ein wenig für sich selbst. Er braucht oft noch ein paar Bücher, bis er abends müde genug ist. Ab und zu stand er auf und holte sich neuen Stoff aus dem Regal, tapste wieder zurück zu mir, kuschelte sich unter die Decke und las konzentriert weiter. Ich las einen Roman, er las Bilderbücher. Aus dem Kinderbettchen neben uns schnarchte Sohn II, der hat mit der Abendlektüre noch nichts im Sinn, der schlief verlässlich, sobald er sein Kissen auch nur berührte. Sohn I blätterte hin und her, murmelte bei vielen Büchern den Text über weite Strecken auswendig mit, zeigte hier und da auf ein Bild und suchte nach bisher übersehenen Details. Einen Vogel am Himmel, eine Maus am Waldboden, einen Ball im Gras. Sohn I und die Bücher, das ist offensichtlich eine große Liebe.

Dann kam ihm ein Buch in die Finger, das noch nicht lange im Haushalt war, kurze Geschichten über den Mut, dargestellt an typischen Kinderproblemen. Man weiß nie, wann man so etwas einmal braucht, hatten die Herzdame und ich im Buchladen gedacht und das Buch schon einmal mitgenommen, schließlich haben alle Kleinkinder früher oder später irgendwelche Ängste. Er schlug das Buch auf und sah sich das erste Bild an, da hockte ein gezeichneter Junge in fortgeschrittener Panik auf einem Bett, umklammerte seinen Teddy und guckte ängstlich nach unten. Unter dem Bett, aus dem Schwarz des schaurigen Schattens heraus, erkannte man zwei große, böse Augen. Der Klassiker eben, ein Monster unter dem Bett. Sohn I sah sich das Bild lange an. Dann fragte er mich irritiert: „Unter meinem Bett ist aber nichts, oder?“ „Nein“, sagte ich, „das hat der Junge da in dem Buch bestimmt auch nur geträumt.“ Sohn I beugte sich weit über den Bettrand und sah lieber ganz genau nach. Nichts. Dann guckte er sich das Bild im Buch noch einmal an und dachte noch ein wenig nach.

„Ohne das Buch hätte ich doch gar nicht an ein Monster unter dem Bett gedacht“ sagte er dann sichtlich verärgert, „da war ja noch nie eins.“ Er schob das Buch energisch aus dem Bett, als würde er mit der gleichen Bewegung auch das Bild aus seinem Kopf schieben können. Aus Sicherheitsgründen stand er dann aber doch noch einmal auf, kniete sich neben das Bett und inspizierte den Raum darunter. Dann krabbelte er schnell wieder hoch zu mir, legte sich wieder in meinen Arm, zog die Decke hoch und teilte mir mit, was ihm gerade zum allerersten Mal im Leben auffiel: „Bücher können ja super blöd sein.“

„Ja“, sagte ich und machte das Licht aus, „das ist leider vollkommen richtig.“

Eine kleine Anmerkung zur Achtsamkeit

Ich saß am Schreibtisch und arbeitete. Sohn II kam vorbei, legte seinen Kopf auf die Tischplatte und sah mir einen Augenblick beim Tippen zu. Zwischen zwei Absätzen streichelte ich gedankenverloren seinen nach wie vor größtenteils haarlosen Kopf, er fühlte sich genauso an wie der von Sohn I, als er im gleichen Alter war. Das Kind hatte auch exakt die gleiche Haltung wie sein Bruder, und genau wie der damals zeigte es brabbelnd auf den Bildschirm und freute sich sehr, wenn da etwas passierte. Ich streichelte den Kopf und dachte seltsam, ich habe in den letzten Wochen, in denen wir so viel Stress hatten, tatsächlich ganz verpasst, dass der kleine Sohn auch schon bis zur Tischplatte reicht. Der Sohn legte seinen Kopf vor die Tastatur und linste grinsend zu mir nach oben. Das ist wirklich sehr, sehr seltsam, dachte ich. Kaum hat man einmal richtig viel Arbeit und passt ein paar Wochen lang nicht richtig auf, schon wächst so ein Kind einen ganzen Kopf in die Höhe, man kann es eigentlich kaum glauben. Ich meinte genau zu wissen, dass er neulich noch viel kleiner war, also nicht nur einen halben Zentimeter, sondern richtig viel. Ich versuchte, neulich genauer zu definieren, aber das war schwierig. Neulich ist im Februar irgendwie alles vor Weihnachten, dachte ich, das hilft nicht weiter. „Ist das Kind eigentlich gewachsen?" fragte ich die Herzdame. Sie sagte, das würde es routinemäßig tun. Der verblüffend groß gewordene Sohn II lachte mich an. Ich dachte beschämt, dass so etwas eigentlich gar nicht vorkommen darf. Bei Nachwuchs in dem Alter darf man nicht wochenlang nicht aufpassen und sich in Arbeit vergraben, man verpasst dann tatsächlich etwas. Man konzentriert sich auf irgendein Projekt und zack, ist aus dem Baby ein Kleinkind geworden, sogar ein recht hoch gewachsenes. Nein, man darf in seinen genauen Beobachtungen einfach nicht nachlassen, niemals, man muss am Ball bleiben und immer genau hinsehen, wenn man Kinder hat. Man bekommt sonst einfach nichts mit. Ich nahm mir fest vor, als Vater wieder wesentlich aufmerksamer zu werden.

Dann knuffte ich Sohn II, den ich jetzt wieder mit ganz anderen Augen sah, freundschaftlich in die Seite, woraufhin er unerwartet schnell von der Bildfläche verschwand. Von unter dem Schreibtisch heulte es beleidigt. Und da habe ich erst verstanden, dass Sohn II gar nicht gewachsen war, sondern eine Kiste zu meinem Schreibtisch geschleppt und mühsam balancierend darauf gestanden hatte.

Alles ganz anders

Und dann kam eine Phase, in der die Umstände etwas härter und die Zeiten etwas schwerer wurden. Viele Paare werden diesen Punkt kennen, an den man kommt, wenn das zweite und vermutlich auch letzte Kind kein Baby mehr ist, in die Krippe geht und sich beide Elternteile also wieder etwas mehr anderen Dingen zuwenden können, etwa den Berufen. In unserem Fall ergab das eine Familie, bestehend aus vier sehr eigensinnigen Individuen, die alle eine klare Vorstellung von der Tagesgestaltung hatten, nur passten die Vorstellungen eher nicht zusammen, oder doch nur in ganz seltenen Fällen. Jeder versuchte, seinen Zielen zu folgen, jeder versuchte, einen eigenen Zeitplan einzuhalten. Die Erwachsenen mit mehr Druck von außen, die Kinder mit mehr Druck von innen, im Ergebnis ging es immer um Verstimmungen. Wir versuchten angestrengt mit den neuen Anforderungen zurechtzukommen, aber nach einer Weile war klar: Die Herzdame und ich hatten uns auseinandergelebt. Zumindest zeitlich.

Während ich nämlich in dem dauernden Bestreben, Ruhe und Zeit für die Schreibarbeit zu haben, früher und früher aufstand, ging die Herzdame, in dem dauernden Bestreben, mehr Zeit für das Erstellen von Webseiten zu haben, später und später ins Bett. Das hatte sich schon eine ganze Weile lang so angedeutet, irgendwann hatte sich der Prozess aber stark beschleunigt, da wir sehr viel zu tun hatten und jeder dringend auf ein paar Stunden scharf war, in denen der Rest der Familie nicht störte. Es ist natürlich Geschmacksache, ob man dabei lieber die Zeit nutzt, während der die Familie schon schläft, oder während der sie noch schläft, und ganz zufällig hatten die Herzdame und ich hierbei eben unterschiedliche Vorlieben. Schließlich stand ich gegen 5 Uhr morgens oder noch früher auf, sie kam erst gegen 2 Uhr nachts ins Bett. Das machte, wie ich irgendwann überrascht feststellte, eine gemeinsame Ruhezeit von nur noch etwa drei Stunden. Das hieß, dachte ich, wenn ich also noch ein klein wenig früher aufstünde, was kein großes Problem sein sollte, und sie andererseits noch etwas später ins Bett ginge, was auch einfach zu erreichen wäre, dann könnten wir es tatsächlich schaffen, uns am Bettrand abzulösen. Quasi Schichtwechsel.

Das hätte im Nebeneffekt natürlich auch die leidigen Debatten beendet, wer dem immer noch nächtlich brüllenden Sohn II ein Fläschchen zu bringen hatte, denn das wäre dann natürlich immer der wache Part gewesen. Unsere bisherigen jeweiligen Totschlagargumente, die wir noch im Tiefschlaf murmeln konnten – „ich bin seit fünf auf", bzw. „ich war bis zwei wach" wären endlich verzichtbar gewesen. Wir hätten zur Abwechslung wieder ganze Nächte ohne Streit verbringen können, das war eine durchaus erbauliche Aussicht. Und weil man, wenn man alleine schläft, selbstverständlich kein riesiges Ehebett mehr braucht, sondern eine kleine Pritsche vollkommen reicht, hätten wir das eheliche Schlafzimmer auch gleich komplett in ein großzügiges Arbeitszimmer umbauen können, mit allem Komfort. Dort hätte dann der jeweils Wachhabende in Ruhe unter besten Bedingungen arbeiten können, während der Schläfer irgendwo im Flur, im Bad, auf dem Balkon oder wo auch immer, schnell sein Feldbett aufgeschlagen hätte, um ein paar Stunden flachzuliegen. Die Wohnung hätte ein Zimmer mehr gehabt, das muss man sich einmal vorstellen! Ohne Umzug! Es schien plötzlich möglich, in dauerndem Frieden zu leben! Wir waren kurz davor, irrsinnige Mengen an Arbeit schaffen! Alles ganz logisch. Die Aussichten schienen mir begeisternd und es war alles mit ganz einfachen Mitteln in Kürze erreichbar. Dachte ich.

Dann dachte ich – vielleicht sollte ich doch lieber einfach einmal ins Bett gehen und etwas Schlaf nachholen.

Quality Time

Nach einigen sehr anstrengenden Wochen war klar, dass es so mit uns nicht weitergehen konnte. Wir hatten sehr viel zu tun, was erfreulich war, aber zeitlich einfach nicht mehr zu regeln. Die Tage bestanden nur noch aus Gefechten um den Schreibtischplatz und ungestörte Zeit, die Kinder forderten natürlich umso vehementer Aufmerksamkeit, die wir ihnen auch nicht verwehren wollten, es schien alles immer schlimmer zu werden, wir drehten uns im Kreis. Die Herzdame und ich verständigten uns nur noch fauchend und knurrend, die Stimmung war auf einem Tiefpunkt unserer gemeinsamen Geschichte. Schon beim Aufwachen dachten wir mit Schrecken daran, wie der Tag am besten zu bewältigen wäre, bei Anzeichen von Kinderkrankheiten verfielen wir in Panik. Ich kam eines Tages aus dem Büro und die Herzdame teilte mir im Befehlston mit, dass ich zwanzig Minuten am Schreibtisch hätte, danach müsse sie wieder ran und meine Ansicht dazu sei ihr egal, nur um das gleich vorweg festzustellen. Kunde sei Kunde und sie habe das jetzt zuerst gesagt. Ich atmete tief durch und zog dann kurz entschlossen andere Saiten auf.

„Schatz“ sagte ich, stellte meine Notebooktasche ab und zog sie in meine Arme, „Schatz, wir arbeiten jetzt einfach beide nicht.“ Ich lächelte sie an, so freundlich wie man nach ein paar Jahren Ehe und zwei kleinen Kindern eben gucken kann. Sie fragte, was der spöttische Blick solle, ich sagte, der Blick sei Teil meiner neuen Charmeoffensive, das müsse jetzt alles wieder netter werden, bei uns. Viel, viel netter. Die Herzdame sagte, gegen meine Charmeoffensive sei der letzte deutsche Russlandfeldzug zwar vergleichsweise erfolgreich gewesen, aber im Prinzip sei sie allem gegenüber aufgeschlossen, was ihren Interessen dienen würde. Ich überging souverän ihre stoische Unfreundlichkeit, denn man muss als Partner von Nordostwestfalen wissen, dass sie unmöglich schnell umschalten können, das braucht seine Zeit.

Ich nahm Sohn I an die Hand, Sohn II auf den Arm und zeigte auf die Küche: „Wir machen jetzt einen auf Familie. Ganz entspannt, mit Zeit und Lust, haha. Entschleunigung! Quality time! Wir kochen einfach alle gemeinsam etwas, vergessen heute mal den Stress und kümmern uns nur um uns. OK? Streit abhaken, Stress beiseite, positiv denken und los geht's. Wir müssen zu uns zurückfinden.“

Ich betrat schwungvoll die Küche und stellte mich vor den Herd. Die Herzdame sagte, dass sie Kochen hasse,

Sohn I sagte, dass er gerade keinen Hunger habe, Sohn II sagte „Hunga“ und trat verblüffend kräftig gegen den Kühlschrank. Ich inspizierte die Gemüsekistenreste, warf Wirsing, Kartoffeln und Bratwurst auf die Arbeitsplatte und sagte: „Wir machen etwas ganz einfaches, das soll ja Spaß machen hier und keinen überfordern. Wirsingkartoffelstampf mit Bratwurst, das können auch Id…, wollte sagen, das kannst auch du. Der Große hier kann die Kartoffeln waschen, der Kleine kann, was weiß ich was der kann, alles vorkosten. Los geht's! Familienspaß! Gemeinsamkeit!“

Sohn I wies leise darauf hin, dass er keine Kartoffeln essen wolle. Und keinen Wirsing. Die Herzdame sagte, sie sei zu müde zum Kochen, und überhaupt, wenn ich mit den Kindern kochen wolle und man dabei aus unerfindlichen Gründen nicht an den Schreibtisch dürfe, dann könne sie sich ja solange eine halbe Stunde hinlegen. Ich warf ihr den Wirsing zu, griff fröhlich nach den Kartoffeln und sagte „Papperlapappp, das hier wird ein nettes Event. Wir machen entspannt was zusammen, das wird uns ungemein gut tun. Würde uns jeder Paartherapeut auch empfehlen.“ Der Wirsing prallte an der Herzdame ab und rollte über den Küchenboden. Die Herzdame lehnte seufzend am Küchenschrank und schloss die Augen. Sohn I zeigte angewidert auf den Wirsing und wollte etwas sagen, zumindest bis er meinen Blick sah. Sohn II nagte an einer rohen Kartoffel, die von der Arbeitsplatte gefallen war. Ich ließ mich nicht beeindrucken, denn wenn man im Recht ist, muss man sich notfalls auch einmal gegen die gesamte Familie durchsetzen. Ich fing an, die Kartoffeln zu schälen, warf sie in einen Topf und schob ihn nach einer Weile Sohn I hin: „Hier, wasch die mal bitte, mein Großer.“

Sohn I schob brav einen Hocker vor die Spüle, stieg hinauf, stellte den Topf unter den Wasserhahn und drehte den Wasserhahn ruckartig bis zum Anschlag auf. Das Wasser spritzte erstaunlich hoch und weit. Die Herzdame und ich gingen uns abtrocknen, dann suchten wir neue Sachen für Sohn II, der glücklich plantschend tropfnass in einer großen Pfütze vor der Spüle saß. Ich zog Sohn II um und hielt dann Sohn I auf, der währenddessen seinen Hocker wieder verlassen hatte, um heimlich den Wirsing wegzuwerfen.

„Nix da", sagte ich, „wir basteln uns hier jetzt ein Familienessen. Mit Wirsing. Du musst ihn nicht essen, aber er kommt auf den Tisch. Und wenn es das Letzte ist, was ich tue." Ich setzte die Kartoffeln auf, schnitt den Wirsing, warf ihn in kochendes Wasser und nahm Sohn II die Bratwurstpackung weg, die er auf der Suche nach einer Öffnung befingerte. Die Herzdame war derweil am Küchentisch eingeschlafen. Sohn II suchte in den Kartoffelschalen nach essbaren Resten und Sohn I sah die Bratwürste misstrauisch an. „Ich mag keine ..." fing er gerade an.

Ich wandte mich ab, sang lauthals das schöne Lied aus meinen Kindertagen „Kraut und Rüben haben mich vertrieben" und kochte stoisch weiter. Zerstampfte die Kartoffeln, vermischte sie mit dem Wirsing, rüttelte die Bratpfanne mit den brutzelnden Würstchen und wartete auf die richtige Bräunung. „Fertig!" rief ich nach einer Weile, „wir haben toll zusammen gekocht! Super! Jetzt hauen wir das auch gemeinsam weg! Alle mir nach!"

Ich trug die Teller ins Wohnzimmer und warf das Besteck scheppernd auf den Küchentisch, um die Herzdame zu wecken und ihr dezent mitzuteilen, dass sie sich nun wieder am Familienprogramm beteiligen möge. Ich stellte Gemüse und Bratwürste auf den Tisch, ging wieder in die Küche, um Getränke zu holen und schob dann die Herzdame und Sohn I vor mir her zum Esstisch, auf dem Sohn II bereits saß und in jeder Hand eine Wurst hatte. Er sah uns glücklich an und lachte vergnügt. Er hatte sehr viel Wurst im Mund und war im Begriff, noch mehr hinterher zu stopfen. Die Herzdame setzte sich an den Tisch und sagte, sie sei jetzt zu müde, um noch Hunger zu haben. Sohn I setzte sich symbolisch eine Zehntelsekunde lang hin und fragte dann, ob er wieder aufstehen dürfe.

„Nein!" riefen die Herzdame und ich exakt gleichzeitig und ziemlich laut, bei ein paar Erziehungsprinzipien sind wir uns immerhin vollkommen einig. Sohn I setzte sich erschrocken wieder hin, Sohn II, der nicht recht wusste, ob er nicht vielleicht gemeint war, versteckte die Wurst hinter seinem Rücken und lächelte uns verbindlich mit sehr dicken Backen an.

„Hast du gesehen", fragte ich die Herzdame, „die Kinder hören unglaublich gut auf uns. Sehr feine Kinder. Alles wird gut. Im Grunde sind wir eine Vorzeigefamilie."

„Ja, großartig", sagte die Herzdame, legte den Kopf auf den noch leeren Teller, nahm meine Hand und schien wieder einzuschlafen: „Auch der Stress geht vorbei. Irgendwann. Es ist alles nur eine Phase." Ich streichelte ihren Kopf, bis ihr Atem nach Tiefschlaf klang. Ich zwinkerte Sohn I zu, der mich sofort verstand, lautlos von seinem Stuhl glitt und in sein Zimmer ging, um in Ruhe Bilderbücher zu lesen. Dann haben Sohn II und ich mit großem Hunger gegessen.

Denn man isst nie besser, als in einem entspannten familiären Umfeld.

Der schriftstellerische Nachwuchs

Sohn I: „Papa, schreibst du wieder Bücher?“

Ich: „Ja, ich versuche es zumindest.“

Sohn I: „Für Geld?“

Ich: „Ja, wenn es klappt, schon.“

Sohn I: „Gut. Dann kannst du mir ja wieder Rosinenbrötchen kaufen.“

Der Sohn stand weiter neben meinem Schreibtisch, sah mir beim Tippen zu und dachte nach. Dann zupfte er mich am Arm.

Sohn I: „Papa, wenn Du mit den ganzen Buchstaben da fertig bist, darf ich dann auch noch ein paar?“

Ich: „Aber klar, greif zu.“

Uljwhbflehfreöj4ikte4prkewprk34wpor34rkkjfewijferijfdkfmjfdd

Ende